小関順二
JUNJI KOSEKI

ドラフト未来予想図

イチロー、松坂、大谷……
プロ野球12球団の成功と失敗

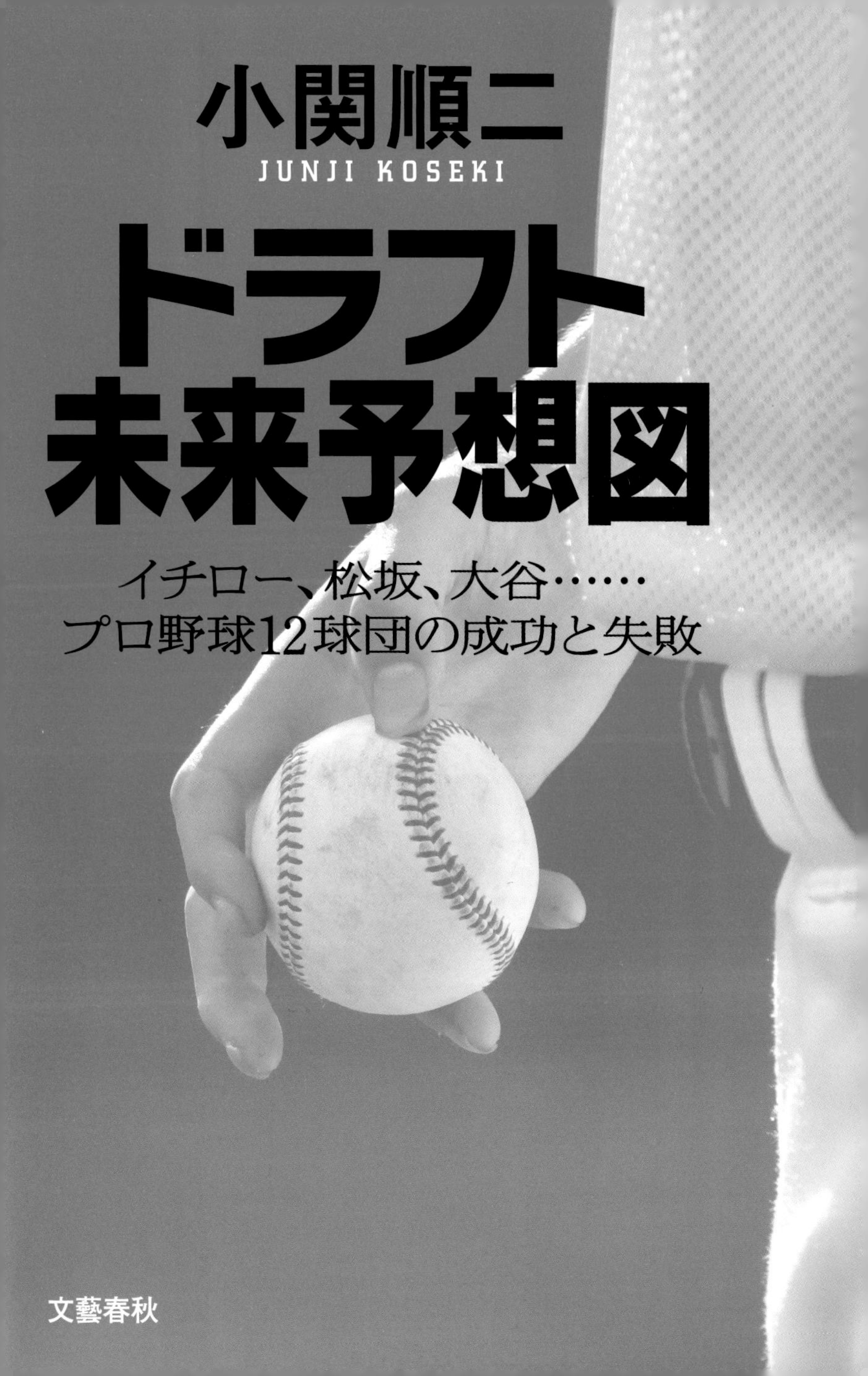

文藝春秋

はじめに

過去十年間（二〇〇八年〜一七年）、ドラフト会議（育成含む）を経てプロ野球の世界に入った選手は九百十八人いる。このうち成功、もしくは成功の可能性が高い選手は、パ・リーグ九十五人、セ・リーグ七十八人の計百七十三人。

私がプロ野球選手の成功基準にしているのは、打者なら一〇〇〇試合出場、五〇〇安打で、投手なら三〇〇試合登板、五〇勝（一セーブ、一ホールドは〇・五勝）。両リーグが表彰の対象とする、打者なら「首位打者、本塁打王、打点王、最多安打、最高出塁率、盗塁王」、投手なら「沢村賞、最優秀防御率、最多勝、勝率一位、最多奪三振、最多セーブ、最優秀中継ぎ」、それに「MVP、新人王、ベストナイン、ゴールデングラブ」の受賞者は文句なしに成功選手としている。

ここ数年間のドラフトの成果を考えるために、成功基準のハードルを年平均「打者四〇安打」「投手四勝、八セーブ」と低くし、「成功選手＋将来的に成功する可能性の高い選手」を算出してみた。それでも百七十三人。成功率は九百十八分の百七十三、つまり一八パーセント強にすぎない。プロ野球の生存競争の厳しさをこういう部分で味わってほしい。

また、セの成功選手の数がパより少ないのは、セは十一年以上在籍しているベテランの占める割合が多いからだ。過去十年間のセのタイトル獲得者がパの三十一人に対して二十人と少ないのは、ベテランの存在以外にも、外国人のタイトル獲得が多いためだろう。

過去五年間の外国人のタイトル獲得回数を調べたら、セ・リーグ三七回、パ・リーグ一八回と大差がついた。日本での選手寿命が短い外国人に依存するセが、日本人の頑張りが目立つパに不利な戦いを強いられていると言ってもいい。〇五年以降(～一八年)、パ・リーグが交流戦で一三勝一敗、日本シリーズで一一勝三敗と圧倒している。ドラフトを手掛かりにその原因を探ると、いろいろなことがわかってくる。

黄金時代と暗黒時代が実は二、三年の時間を置いてやってくることをご存知だろうか。近い例では、落合博満監督のもと〇四年から一一年までリーグ優勝四回(日本シリーズ制覇一回)を数えた中日が、一三年から一八年まで六年連続でBクラスの底で呻《うめ》いている。また、一六～一八年まで三年連続リーグ優勝を飾った広島は九八～一二年まで十五年連続Bクラスに低迷していた。暗黒時代から黄金時代までの時間はわずかに四年である。

「好事魔多し」とは球界のことを言っているのではないかと思うくらい各球団の浮き沈みは激しいが、ドラフトをうまく活用しているソフトバンクは九九年の優勝から現在までの二十年間、Bクラスに沈んだのは二回しかない。

同じく稀代のフロントマン、根本陸夫管理部長に率いられた西武は八二年の日本一から現在までの三十七年間、Ｂクラスに落ちたのは五回しかない。根本はイリーガル（違法）寸前のあらゆる手段を講じて、暗黒時代にいた西武の前身、クラウンライター、さらにソフトバンクの前身、ダイエーを強豪球団にし、その強さは現在まで続いている。

本書はプロ野球十二球団の明暗を「ドラフト」を通して振り返り、後半では私の足跡を辿りながらドラフトの輪郭をなぞっている。インターネットがまだ影も形もない一九八八年、野球好きが集まってドラフト会議倶楽部という小さな結社を作り、「月刊ドラフト情報」という手作り満載のミニコミを発行した。あれから三十年、私の人生は野球一色だった。

二〇〇一年二月十五日号から約二年半、週刊文春で連載したコラムのタイトルは「小関順二は野球が好きです」。当時の編集長がつけてくれたタイトルで、これ以上私にフィットするタイトルはないだろう。そこで語られたことなどを通して十二球団の明暗を伝えることができたら、これに勝る喜びはない。

なお、本書に登場するプロ野球選手は縁起担ぎのためか、改名をよく行う。たとえば六八年のドラフトで指名された山本浩司（広島）はのちに山本浩二と改名し、有藤通世《みちよ》（ロッテ）は有藤道世としていた時期があり、加藤秀司（阪急ほか）は加藤英司の名前でプレーしているほうが印象に残っている。本書は野球ファンに馴染みのある名前を使っているので、イチローを鈴木一朗とは紹介していない。

また入団時に投手だった選手は専門誌などに「投手」と掲載されるが、たとえば九三年に七位指名された福浦和也（ロッテ）は明らかに野手の才能が買われての指名なので、本書では入団時のポジションを「野手」として紹介している。イチロー（オリックス）も当然野手である。唯一の例外は大谷翔平（日本ハム）で、メジャーリーグでプレーする現在も投手か野手かいまだに判断がつかないので、投手○・五人、野手○・五人と分類している。一八年のドラフトで指名された根尾昂《あきら》（大阪桐蔭高）ならばポジションは遊撃手で、福浦のように入団時、ポジションが定まっていない選手は「内野手」とだけ紹介している。

さて、一九六五年にスタートしたドラフトでは毎年のように即戦力投手が上位で指名されている。プロ野球界の常識「野球は守りから」に思考が囚われているのである。前記した根本陸夫は西武球団管理部長としてその常識のウソに果敢に挑んだ。そして投打のバランスが取れた理想のチームを作り上げ、八二〜九二年の十一年間に日本シリーズ制覇八回という偉業を成し遂げる。

西武だけではない、ソフトバンク、広島、巨人などセ・パ両リーグの十二球団はドラフトという舞台で過去五十四年間、逸材確保のメソッド（方法）を試行錯誤し、西武も含めて多くの失敗を繰り返してきた。プロ野球で最も難しいのがドラフトと言っても過言ではないのだ。その失敗とわずかな成功の歴史を余すことなく皆さんにも伝えようと思う。

ドラフト未来予想図 目次

イチロー、松坂、大谷……
プロ野球12球団の成功と失敗

はじめに ―― 1

プロ野球2018年の現在地

イチロー、松坂、大谷がドラフトを変えた ―― 9
高校時代は目立たなかったイチロー。甲子園で凄かった松坂。打者としてのポテンシャルに驚かされた大谷。そして未来の天才たち……彼らの成長によってプロ野球は進化する！

12球団ドラフト戦略分析

埼玉西武ライオンズ ―― 25
ドラフト巧者だが、野茂などの十年に一度の逸材に見向きもしない。これでいいのか？

福岡ソフトバンクホークス ―― 35
若手の抜擢が遅く、高齢化に対する備えは万全ではない。柳田も三十代になっている。

北海道日本ハムファイターズ —— 45

ダルビッシュが高校生路線に魂を注入。このチームは立ち止まらない。次の主力は清宮！

オリックス・バファローズ —— 55

社会人を獲得するばかりで、高校生の指名が少ない。スカウティングに冒険心が必要だ。

千葉ロッテマリーンズ —— 65

外野手を集めたら、今度は内野手ばかりとバランスが悪い。平沢、安田で新時代を築け。

東北楽天ゴールデンイーグルス —— 75

二〇一三年の初優勝で「野球の底力」を見せたのだが……。次なる大物を獲得すべきだ。

広島東洋カープ —— 85

Bクラスの底でのたうち回っていたのが信じられない。セ・リーグ一強時代が到来した。

東京ヤクルトスワローズ
外れ一位が幸運を呼ぶが……。分離ドラフト以降、急速に指名偏差値が低下している。 95

読売ジャイアンツ
巨人が弱くてもプロ野球は安泰。〝十二分の一〟が現実化した近未来のヴィジョンは？ 105

横浜DeNAベイスターズ
筒香嘉智によってチームは生まれ変わった。後継者を育てるのは、今しかないけれど。 115

中日ドラゴンズ
高校生が育たない土壌、落合ＧＭの奇妙なドラフト……。暗黒時代から立ち直れるか？ 125

阪神タイガース
「盗塁王、四番打者、エースになれる人材を」金本前監督の主張は、間違いではない。 135

ドラフト1965〜2018
人生で必要なことはすべてドラフトで学んだ――145
「ドラフトの記事なんて誰が読むんだ」と編集者に言われた時代から、ドラフト会議倶楽部を立ち上げ、野球にのめりこむ。〝セ高パ低〟だったプロ野球も、アメリカ発のイノベーションで変貌が止まらない。ドラフト第一人者が体験したプロ野球革命史。

ドキュメント2018・10・25
吉田、根尾、藤原……高校生たちの未来予想図――235
高校生野手に十一球団が競合。こんな一位指名は見たことがない。最高の指名はロッテ、日本ハム、中日。オリックス、楽天、阪神、DeNAは、不本意だったのではないか？

あとがき――255

カバー写真　杉山秀樹
装丁・デザイン　永井翔

プロ野球2018年の現在地

イチロー、松坂、大谷がドラフトを変えた

「まるでドカベンですよね」とライバルに言わせた松坂大輔、愛工大名電時代はあまり目立たなかったイチロー。大谷翔平に捧げる二刀流賛歌。彼らの遺伝子は日本プロ野球をさらに輝かせるだろう。

甲子園観戦二十年の道

松坂大輔（現中日）が甲子園に登場した一九九八年まで、甲子園大会はテレビで見るものと決め、現地に行って見ようとは思わなかった。九三年春、日刊スポーツ連載のために訪れたのが、私の人生における唯一の甲子園経験だった。それが九八年夏の甲子園大会をテレビで見て、甲子園球場に行って見たいと強く思った。もちろん、横浜高のエース、松坂大輔のピッチングがきっかけである。

一回戦の柳ヶ浦高戦は三安打、一失点完投。二回戦の鹿児島実戦は八戸工大一高をノーヒットノーランに抑えた杉内俊哉（現巨人↓引退）との投手戦を制し五安打完封。三回戦の星稜高戦は四安打、一三奪三振で完封。準々決勝のＰＬ学園戦は今も語り継がれる延長一七回の接戦を一人で投げ抜いて完投。準決勝の明徳義塾高戦はマウンドを二年生投手に譲りベンチで待機、〇対六の劣勢だった八回裏に四点返したところで右腕に巻かれていたテーピングをむしり取ってマウンドに向かい、九回表を無安打に抑えるとその裏に横浜高は怒濤の反撃で三点を奪い、サヨナラ勝ちした。

この試合で敗れた明徳義塾高のエース、寺本四郎をロッテ入団一年目の九九年に取材すると、「まるで『ドカベン』（水島新司の野球漫画）ですよね。新たなライバルがどんどん出てきて、それをことごとく破って春夏連覇するんですから」と言って、気持ちよさそうに笑った。

そして決勝の京都成章高戦は昭和十四（一九三九）年の嶋清一（海草中学）以来となる決勝戦でのノーヒットノーランを達成、春夏連覇は一九八七年のＰＬ学園以来、十一年ぶりの快挙だった。

このときの松坂を何と表現すればいいのだろう。この大会でストレートが一四〇キロを超えたのはわずかに七人。一八年夏の大会は六十一人だから圧倒的な差である（雑誌『報知高校野球』より）。そして松坂のストレートの最速は一五一キロだった。これは一八年のナンバーワン、柿木蓮《れん》（大阪桐蔭高）と同じだが、「同じ速さ」と言っては松坂の迫力が正確に伝わらない。柿木には失礼だが、打者を圧倒する迫力で柿木は松坂の足元にも及ばない。

この夏の大会には松坂以外にもその後の球界を彩る逸材が数多く出場している。前述した杉内以外でも、畠山和洋（専大北上高一年）、栗原健太（日大山形高二年）、久保田智之（滑川高三年）、多田野数人《かずひと》（八千代松陰高三年）、小池正晃、後藤武敏（いずれも横浜高三年）、森本稀哲《ひちょり》（帝京高三年）、古木克明（豊田大谷高三年）、東出輝裕《あきひろ》（敦賀気比高三年）、久保康友（関大一高三年）、平石洋介（ＰＬ学園高三年）、和田毅（浜田高三年）、村田修一（東福岡高三年）、田中賢介（東福岡高二年）、實松一成《さねまつかずなり》（佐賀学園高三年）、高山久（九州学院高二年）、赤田将吾（日南学園高三年）、新垣渚《あらかき》（沖縄水産高三年）……等々である。

テレビで見た松坂の印象があまりにも強烈すぎて翌一九九九年は春、夏とも甲子園まで出かけ、二〇一八年現在まで二十年連続で甲子園球場バックネット裏に設《しつら》えられた第二記者席から春、夏の甲子園大会を観戦している。刺激されたのは私だけではない。CS放送局のスカイAも私同様、九九年からドラフト会議を中継し（一位指名を中継した地上波から引き継ぐ形で二位指名以降を中継）、二〇〇〇年以降は一位から最終まで（〇五年以降は育成ドラフトまで）の完全中継を行い、私はスカイAのドラフト中継の解説を九九年から二十年連続で担当している。誇張でも何でもない。松坂によって野球環境が大きく変えられたのである。

イチローはバッティング技術の伝道者

イチロー（マリナーズ）は愛工大名電高時代、あまり目立たなかった。ピッチャーとしてはスリークォーターから一三〇キロ台のストレートを投げ、バッターとしては九〇年夏の天理高戦が四打数一安打、九一年春の松商学園戦が五打数〇安打とさっぱり打てていない。「この子が甲子園のことを語りたがらないのは、不甲斐ない結果に終わった無念さが、心のどこかにあるからだろう」と〇五年夏の愛知県大会ガイドブックで語っているのは同校の中村豪《たけし》監督（当時）だ。

私がイチローのことを意識するようになるのは、オリックス入団後である。九四年、イチローが内野安打を放ち一塁を駆け抜けるスピードを一塁塁審が「私が見た中では一番速い」とスポーツ紙の取材でコメントしていたのだ。その方の年齢や経歴は知らないが、十数年前には全盛期の福本豊（阪急）だっていたはずだ。塁審氏は福本よりイチローのほうが速いというのである。

イチローの足の速さを確認したのは、ストップウォッチ持参で初めてイチローを見た〇六年のWBCアジアラウンド、中国戦である。

第一打席が二塁ゴロで三・九一秒、第三打席が内野安打で三・八八秒、第四打席が三塁ゴロで四・一八秒、第六打席が遊撃ゴロで四・二二秒という速さだった。この試合、他の選手で私が俊足の基準にする「一塁到達四・三秒未満、二塁到達八・三秒未満、三塁到達一二秒未満」をクリアしたのは、西岡剛の第五打席（三塁打のときの三塁到達一一・二二秒）、松中信彦の第一打席（二塁打のときの二塁到達八・二八秒）、川﨑宗則の第四打席（遊撃安打のときの一塁到達四・〇九秒）、そして中国の一番打者、孫嶺峰《スンリンフォン》が第一～三打席の内野ゴロでクリアした三回、つまり計六回である。孫の四秒未満は第一打席の三・九七秒だけだからイチローの速さが実感できる。

私がイチローに魅了されるのはプレーだけではない。発せられる言葉の端々にバッティングの神髄が見え隠れし、それはこういうことではないのかと思い量る時間が私にとっても貴重なのだ。たとえば、オリックスに在籍していたときテレビ番組の取材で「高校球児に何かアドバイスしてください」と言われたとき、少し考えたあと、「ボールの内側を打つように」と言った。ボールの内側とは、左打者のイチローならボールを縦に割った右側半分（一塁方向）を打ち抜くということである。野球界ではよくバッティングの極意を「インサイドアウトで打つ」と言う。元々はゴルフ用語らしく、その言葉の通り、「体の内側から入ってインパクトしたあとに体の外側へ逃げていく軌道」と訳される。しかし、そんな言葉を使わなくても「ボールの内側を打て」と言われたらバットは内側から出ていくし、たいていの球児にも何を言っているのかわかる。難しいバッティング技術をシンプルに表現する、そういう能力が際立って備わっているのがイチローである。

メジャー一、二年目のマリナーズ時代にはやはりテレビ番組中、「日本人よりMLBの外野手のほうが肩は強いのでは」と言われると、「アメリカのほうが日本より野球中継するときのカメラの位置が高く、ボールの軌道がシャープに見えるだけ」と言った。世の中に蔓延する「日本球界よりメジャーのほうがレベルは上」という風説をさらりと否定する姿は格好よかった。

一流のプロ野球選手が世界各国に分散して戦う初めての国際大会、WBCのラウンド2（エンジェルスタジアム開催）に臨む直前にはこんなことも言っている。

「日本代表が名前（メジャー選手の）に圧倒されることも出てくるだろうから、そういうことがないようにグラウンドでの振る舞いとかプレーする姿勢を意識してやっていきます」（ホームラン四月号増刊「Planet Baseball 王ジャパン地球制覇 世界野球が始動する」より）。

イチローは自分を育ててくれた日本野球に深い愛着があるのだろう。それを情緒的に語るのではなく、ここでもさらりと言い放っている。

打席に入る前の素振りにもメッセージが込められていると思う。上から振り下ろす軌道でバットを出し、フォロースルーでは極端に上へ向けて振り抜く。現在、メジャーリーグで吹き荒れている「フライボール革命」推奨のアッパースイングを再現しているようではないか。〈バットの振り出しはヘッドが最短で届くように縦軌道で出ていき、ボールを捉《とら》えにいくときはレベルスイングで向かい、インパクトからフォロースルーはアッパースイングの軌道〉

オリックス時代の九〇年代中盤から、「これが私にとってのバッティングの基本」と言わんばかりに世間に見せてきた素振りの形である。ウエイトトレーニングに対する意見も面白い。数年前の「報道ステーション」（テレビ朝日）でのこと、聞き手の稲葉篤紀氏が「今、トレーニングでからだを大きくするのが流行っている」と言うと、イチローは「いやいや、全然だめでしょ。虎とかライオンはウエイトしないですから」と反発する。これに対してダルビッシュ有は「イチローさんに喧嘩売るわけじゃないですけど、シマウマたちがトレーニングし始めて、だからライオンたちもトレーニングしないといけなくなった。ただイチローさんはめちゃくちゃ頭がいい特殊なライオンだと思ってます。日本の野球界はいつまでもトレーニングしないシマウマたちなので世界で勝てない」と続ける。

どっちの言い分が正しいと言っているのではない。エンターテインメントになりにくい分野のことをめぐって二人の超一流プレーヤーが論争することで、ウエイトトレーニングは見事にエンターテインメントとして世間の注目を集めることができた。

ドラフトを中心にしてイチローを考えると、「四位指名」がクローズアップされる。歴代日本人メジャーリーガー五十八人中、ドラフト三位以下でプロ入りしたのはイチロー以外では新庄剛志（八九年阪神五位）、柏田貴史（八九年巨人ドラフト外）、高津臣吾（九〇年ヤクルト三位）、野村貴仁（九〇年オリックス三位）、中村紀洋（九一年近鉄四位）、松井稼頭央（九三年西武三位）、岡島秀樹（九三年巨人三位）、大家《おおか》友和（九三年横浜三位）、福盛和男（九四年横浜三位）、高橋建（九四年広島四位）、岩隈久志（九九年近鉄五位）、川﨑宗則（九九年ダイエー四位）、青木宣親（〇三年ヤクルト四巡）の十三人だ。投手は盛りを過ぎた選手が多く、野手はいずれもチームの中心選手ばかりなのがわかる。

ドラフト上位の日本人メジャー野手は井口資仁《ただひと》、岩村明憲、城島健司、田口壮《そう》、田中賢介、西岡剛、福留孝介、松井秀喜の八人で、三位以下の六人と大差ない。野手がいかに三位以下で多く指名されてきたか、ドラフトの歴史がこれだけでもよくわかる。そして野手の日本人メジャーリーガー十四人中、高校卒が十人いる。最もフロンティアスピリット（開拓者精神）に溢れているのが高校卒野手と言ってもいいかもしれない。

メジャーリーグに挑戦することが決まったイチローに対する評価は低かった。一八〇センチ、七五キロ（当時）の細身の体が物足りなく映り、内野安打を量産するバットマンとしてのプレースタイル、さらに当時の日本野球に対する評価の低さも、イチローの評価にかぶさってきた。しかし、イチローはそれらのネガティブな評価を実際のプレーで振り払った。

メジャー新人年（二〇〇一年）に首位打者、盗塁王、ア・リーグのＭＶＰを受賞、〇四年にはジョージ・シスラーの記録を八十四年ぶりに破るシーズン二六二安打を放ち、二度目の首位打者を獲得。一八年までに放ったメジャー通算安打は三〇八〇本。日本プロ野球時代の一二七八本と合わせた四三五八安打はＭＬＢ通算四二五六安打のピート・ローズを抜く。

大谷翔平に捧げる二刀流賛歌

このイチローと日本人メジャー投手の対戦成績はどうなっているのだろう。

VS松坂大輔　二七打数七安打、打率・二五九
VSダルビッシュ有　二四打数八安打、打率・三三三
VS上原浩治　一三打数二安打、打率・一五四
VS野茂英雄　一二打数四安打、打率・三三三
VS田中将大　四打数二安打、打率・五〇〇
VS前田健太　三打数〇安打、打率・〇〇〇

野茂、ダルビッシュ、田中は打ち込み、上原、前田には抑えられ、松坂とは伯仲した戦いを演じているのがわかる。対戦成績の良し悪しでなく、イチローと対戦できたダルビッシュや田中がうらやましい、大谷翔平はそう思ったのではないだろうか。イチローと大谷の対戦は残念ながらまだ実現していない。

ダルビッシュとのウエイトトレーニング〝論争〟を見てもわかるようにイチローはかなりへそ曲がりだ。そのイチローが大谷を「日本人メジャーで初めてのホームランバッター」と絶賛した。二〇〇四年に日本人としては最高の三一本塁打を放った松井秀喜（元ヤンキースなど）がいるじゃないかと首を傾げる人は多いと思う。私もそういう一人だ。

二人はまずバッティングスタイルが異なる。〝動く球〟全盛のメジャーリーグに松井は上から叩く日本式のダウンスイングで臨み、入団当初はゴロを量産した。それに対して大谷は〝動く球〟を日本のプロ野球で体験し、さらに捕手寄りのミートポイントで確実にボールを捉え、後ろ(左)手で強く押し込んで、メジャー元年の一八年に二二本のホームランを放った。背筋とか握力とか実際の数値ではなく、こういう技術的な差を見てイチローは「ホームランを打つ能力では大谷が上」と言ったのだろう。

イチローは大谷が日本ハムに在籍しているときから「大谷は投手か打者か」という二者択一の

質問に対して、「すごいピッチャーはいくらでも出てきます。でも、あんなバッターはなかなか出てこない」と言って、〝打者大谷〟を推している。もちろん、誰もが打者大谷を推しているわけではない。私が知り得た範囲で紹介すると、打者推しはイチロー、角中勝也（ロッテ）、阿部慎之助（巨人）、則本昂大《たかひろ》（楽天）、内川聖一、武田翔太（ともにソフトバンク）、投手推しは銀次（楽天）、ダルビッシュ有（カブス、当時レンジャーズ）、田中将大（ヤンキース）たちである。

花巻東高に在籍していた二〇一二年春のセンバツ甲子園大会初日第三試合、大阪桐蔭高対花巻東高は藤浪晋太郎対大谷翔平という対決が話題を呼び、平日にもかかわらず二万七〇〇〇人の観客が押し寄せた。ちなみに、第一試合の三重高対鳥取城北高は九〇〇〇人、第二試合の浦和学院対敦賀気比高戦は一万九〇〇〇人である。

この試合で大谷は二回裏、先頭打者として打席に立ち、藤浪晋太郎が投じた一一六キロのスライダーをしっかり呼び込んで右中間スタンドにホームランを打ち込むのだが、その打球の曲線は一八年に見慣れた高々としたメジャーリーガーのものだった。これを見たのがいけなかった。さらに、このとき（三年春）大谷は前年に発症した座骨関節の骨端線《こつたんせん》損傷を持ち越し、ピッチャーとしては万全のデキではなかった。ストレートの最速は一四八キロ、それに対して藤浪は一五〇キロで、勝負も六回以降に九点入れた大阪桐蔭が圧勝した。

この日の打者としての圧倒的なスケールと投手としての物足りなさを、私は大谷の原点として記憶してしまった。大谷が日本ハムにドラフト一位で指名された二〇一二年の暮れ、午前〇時にオンエアされるNHK「NEWS WEB 24」に出演したとき、大谷の二刀流に対して、「大谷クラスのピッチャーは二、三年に一人くらいの割合で出現するが大谷クラスのバッターは六、七年に一人くらいの割合でしか出現しない」と言った。

また、二〇一三年版の『プロ野球問題だらけの12球団』（草思社）には「二刀流をめざすと言っても、投手で二〇〇勝、打者で二〇〇〇安打を達成することはほとんど不可能である。大谷はどういう数値目標を設定しているのだろか」と書いた。大谷批判ではない。投打どちらかに専念すればものすごい選手になれるのに、そういう思いが大谷にはいつまでも付きまとった。

大谷の二刀流の真価をようやく理解したのは日本ハム時代の二〇一六年である。打者としては打率・三二二、安打一〇四、本塁打二二、打点六七、投手としては一〇勝四敗、防御率一・八六を挙げ、リーグ優勝、日本シリーズ制覇に貢献した。シーズン後にはMVPに輝き、プロ野球史上初となる投手と指名打者でベストナインも獲得した。

投手としての大谷のものすごさを確認したのは同年九月二十八日、西武プリンスドーム（現メットライフドーム）で行われた西武戦である。先発した大谷は九回を完封して日本ハムを四年ぶり七回目の優勝に導くのだが、そのピッチング内容が素晴らしかった。

この日の西武のスターティングメンバーは、一番秋山翔吾、二番外崎《とのさき》修汰《しゅうた》、三番浅村栄斗《ひでと》、四番メヒア、五番森友哉、六番中村剛也《たけや》、七番栗山巧、八番坂田遼、九番呉念庭《ウーネンテイン》である。一八年ほどの迫力はなくてもチーム打撃成績は打率・二六四（リーグ二位）、本塁打一二八（同一位）を残し、迫力満点。この強力打線を被安打一、与四球一、奪三振一五に抑えて完封するのである。

目をみはったのは五回から八回のピッチング。一二アウトのうち一〇アウトが三振だったのだ。五回裏に森が一五八キロのストレートをセンター前に弾き返しノーヒットノーランは阻止されてしまったが、名だたる好打者、強打者をなで斬りにする迫力は私にとって初体験だったと思う。あまりの迫力に一球ずつ球種とスピードをノートに書き残した。それによると一二五球のうち、ストレートは五二球で変化球との割合は四一・六パーセント。大谷は通常、ストレートの割合が五〇パーセントを超えるので、この日は緩急を意識したピッチングだったと思われるが、五二球のストレートの平均球速は何と一五七・一キロだった。MAXが一五九キロなので、コンスタントに一五〇キロ台中盤から後半が出ていたことになる。こんな選手はプロ野球史上、一人もいない。

大谷の遺伝子は同じ岩手の怪腕に

一八年にメジャーリーグのロサンゼルス・エンゼルスに移籍し、一年目、投手としては一〇試合に登板して四勝二敗、防御率三・三一、打者としては一〇四試合に出場して打率・二八五、安打九三、本塁打二二、打点六一という見事なものだった。この二刀流の迫力を受け継ぐ選手は日本でもアメリカでもそう簡単には出てこないと思うが、投手で「大谷二世」と言っても恥ずかしくない選手がいる。佐々木朗希《ろうき》というピッチャーだ。

岩手県立大船渡高校に在籍していて、体のサイズは一八年夏現在で一八九センチ、八一キロ。右投げ右打ちの選手で、ストレートの最速は同年夏の時点では一五四キロ。この選手を見たくて七月十日に行われた岩手県大会二回戦、大船渡高対盛岡三高戦を岩手県営球場に行った。ちなみに、盛岡三高は同年春の岩手大会で準決勝に進出した強豪校である。

前日に同じ球場で三試合、この日もここまで二試合見て、最も速かったのは坂本柊也《しゅうや》（山田高、連合チームで出場）の一三七キロ（岩手県営球場のスコアボードに一球ごとのスピードが表示される）。それが佐々木は初球から一五三キロを計測した。

これは全部書き残さなければとノートに一球ずつ球種とスピードを記入し、同時に投球フォームの特徴も書き写していった。これまでの五試合で選手のパフォーマンスをノートに綴ったのは五人いたが、多い選手で五行である。それが佐々木は一一行書き、さらに一～九回までの一球ずつのスピードも書き溜め、余白には國保《こくぼ》陽平・大船渡高監督のコメントも書き残した。つまり四ページが佐々木に関することで埋まったのである。

ピッチングフォームは、パソコンを開いてYouTubeを見れば、この日のピッチングを余すことなく見られるはずだ。変なクセがなく、投げ始めから投げたボールがキャッチャーのミットに収まるまでの投球タイムは一・七秒台。一・九～二・一秒くらいが理想だと思うので、もう少しゆったりした感じがほしいが、他には文句はない。

一六年九月二十八日の西武戦の大谷のときと同じように、ピッチングを細部にわたって見ていくと、一四二球のうちストレートは一〇二球あって（七二パーセント）、最速は一五四キロ（一五〇キロ超えは三五球）。ストレートの平均球速は高校二年生にして一四七・五キロだった。二年前の大谷より平均で一〇キロ遅いが、高校二年秋の大谷は故障の影響もあってこれほど速くはない。つまり高校二年秋の佐々木はボールの速さだけなら高校野球史上ナンバーワンと言っていい。

変化球はスライダーが主体で、本人曰く「しっくりこなかった」。フォークボールはキレが鋭く、この日初めて投げたというのがにわかには信じられなかった。この試合を勝ち上がり、私は見ていないが三回戦では部員不足のためスキー部員二人が加わった西和賀高に三対二で敗れている。本当のチーム力が備わっていないことがわかるが、秋季大会は盛岡三高、黒沢尻北高などを破って準決勝に進出した。

一八年夏の大会では、大谷をあこがれの存在と言ってはばからない渡邉勇太朗（浦和学院高）も注目を集めた。あこがれだけではない。「研究し尽くした」と言うだけあって、肩が開かない、体が上下動しない、上半身主体にならない……等々、理想的な投球フォームからストレートが一四九キロを計測し、同年のドラフト会議では西武の二位指名を受けた。

〝大谷チルドレン〟と表現してもいい渡邉、佐々木という大器が続々高校野球の中央舞台に押し上げられ、大谷はメジャーリーグでとりあえずピッチャーとしての活動は二〇二〇年まで封印し、一九年はバッター一本でやるという。

大谷の存在は野球界を新しい時代に押し上げたと思う。言い換えれば二十年くらい進化を早めた。そういう時代に間に合ってよかったとつくづく思う。なお、大船渡高・佐々木のことで付け加えると、ストレートの最速は一八年秋の大会が終わった時点で一五七キロに達している。ひと冬越えてどこまで伸びているのか、しばらく気持ちが落ち着きそうもない。

埼玉西武ライオンズ

LIONS

菊池雄星の流出は避けられない。ドラフト巧者は対応できるのか？

創　設	1949年11月26日加盟
本拠地	メットライフドーム
パ・リーグ優勝	22回
日本シリーズ優勝	13回
2018年	88勝53敗2分　第1位

L 根本マジックから始まった独創的戦略

ドラフト巧者だ。一九七九年にクラウンライターを買収して球界に参画し、「西武」として初めて出席した七八年のドラフトでは四球団が一位で競合した森繁和（投手・住友金属）を抽選勝ち、さらにドラフト外で松沼博久（投手・東京ガス）、松沼雅之（投手・東洋大）を獲得した。八〇年は阪急と競合した石毛宏典《ひろみち》（遊撃手・プリンスホテル）を抽選勝ち、ドラフト外で秋山幸二（野手・八代高）、小野和幸（投手・金足農高）を獲得。八一年は熊本工高から所沢高の定時制に転校させ、球団職員で採用していた伊東勤（捕手）を一位、さらにドラフト前にはプロ拒否を表明していた工藤公康（投手・名古屋電気高、現在は愛工大名電高）を六位で指名した。

この西武球団草創期のドラフトを操っていたのが監督として七八年はクラウンライター、七九～八一年は西武の指揮を執り、八二年以降は管理部長として辣腕《らつわん》を振るった根本陸夫。世間は「寝業師」とか「根本マジック」と言って、毀誉褒貶《きよほうへん》が激しかった。

根本がダイエーに移籍しても西武の順位は乱高下していない。日本一になった八二年以降、Bクラスに落ちたのは二〇〇七、〇九、一四、一五、一六年の五回だけで、過去二年は二位、優勝と強さが戻っている。

FA宣言した他球団の主力には手を出さず、反対に工藤、石毛、秋山、清原和博、豊田清、和田一浩や、現役でも松坂大輔、細川亨、涌井秀章、中島裕之、岸孝之、野上亮磨など主力がポスティング制度やFA制度を活用して移籍するのが当たり前になっている。そういう球団にとって最も重要な戦略がドラフトである。

〇五～〇七年に行われた分離ドラフトで思いのほか苦労しているのが意外だ。成功しているのは炭谷銀仁朗、岸孝之の二人だけ。この人数はDeNAと並んで十二球団で最も少なく、三人だけのロッテ、ヤクルト、阪神が続き、いずれも優勝から遠ざかっている。ライバル球団のソフトバンク、日本ハムがそれぞれ六人の成功選手を出しているのとは対照的である。

それでも長く低迷しないのは分離ドラフトの前と後でいい選手を指名しているから。九八～〇四年の指名を見ればわかるように、一回のドラフトで二人以上の成功選手を出していることが多い。とくに目を引くのは〇一年（細川亨、中村剛也、栗山巧）。この時期は自由枠制度でドラフトが行われ、日本ハム、阪神、中日、オリックスは大学生&社会人の即戦力候補が上位を占めている。そういう時期に細川（自由枠）以外の三人が高校生である。根本陸夫を陰で支えたスカウティングが健在だったことがわかる。中村（二巡）と栗山（四巡）は三十五歳となった一八年現在も現役どころか中心選手としてプレーしている。

一八年の八月下旬、日刊スポーツは「同期同年齢の西武栗山&中村、あと四年現役で日本新」という見出しを掲げ、同期入団の中村と栗山が十七年間、同じ球団でプレーしていることを紹介している。それによると同期コンビの最長記録は巨人の槙原寛己&村田真一（八二～〇一年）とロッテの福浦和也&小野晋吾（九四～一三年）の二十年、これに巨人の斎藤雅樹&川相昌弘（八三～〇一年）の十九年、西武などの東尾修&大田卓司（六九～八六年）、大洋などの平松政次&福嶋久晃（六七～八四年）の十八年が続く。つまり栗山&中村は史上六位の長寿コンビということになる。これは西武のドラフトがいかに健全に行われているかを証明している。

分離ドラフトの後もいい。〇八年以降、毎年戦力になっている選手が輩出されているのだ。そして、選手の質が高い。ハードルを「全日本クラス」に上げても浅村栄斗《ひでと》、菊池雄星、牧田和久、秋山翔吾、山川穂高、外崎修汰、源田壮亮《そうすけ》がここをクリアし、日本球界には希少な〝打てる捕手〟森友哉に注がれる視線も熱い。

他球団では、たとえばソフトバンクの全日本クラスは〇八年以降、今宮健太、柳田悠岐、武田翔太、千賀滉大《こうだい》、甲斐拓也、森唯斗《ゆいと》の名前が挙がる。わずかな差だが、西武のほうが人数は多い。戦略的に見ると、分離ドラフト後、東北地区の大学生に狙いを絞った指名が見事である。それ以前にも細川（青森大）、岸（東北学院大）で先鞭をつけているが、一〇年に秋山（八戸大）、一一年に田代将太郎（八戸大）、一三年に山川（富士大）、一四年に外崎（富士大）、一五年に多和田真三郎（富士大）、本田圭佑（東北学院大）と急激に数を増している。東北の大学勢の活躍がその背景にあることは間違いない。全国大会で二勝以上したチームは次の通りだ。

〇八年大学選手権	八強	東北福祉大
明治神宮大会	準優勝	東北福祉大
〇九年大学選手権	準優勝	富士大
一〇年大学選手権	四強	八戸大
一一年明治神宮大会	四強	東北福祉大
一六年大学選手権	八強	東北福祉大
一八年大学選手権	優勝	東北福祉大

他球団でも、一五年に中日の二位指名でプロ入りした佐藤優（投手・東北福祉大）は三年目にリリーフとして勝利の方程式に組み込まれ、一六年に阪神の二位指名でプロ入りした小野泰己《たいき》（投手・富士大）は二年目にローテーション投手に定着している。他球団でも東北の大学生の存在感は増していると言っていい。

野茂英雄、松井秀喜の一位指名から逃げた

物足りないのは野手の一位が一三年の森しかいないことだ。西武草創期は不発もあったが、野

手の一位指名が多かった。

七九年は一番人気の岡田彰布《あきのぶ》（三塁手・早稲田大→阪神）に挑んで抽選で負けると外れ一位で鴻《こう》野淳基《のじゅんき》（内野手・名古屋電気高）、八〇年は一位石毛、二位岡村隆則（外野手・河合楽器）、八一年は一位伊東、二位金森栄治（捕手・プリンスホテル）、八四年は一位大久保博元（捕手・水戸商高）、二位田辺徳雄（遊撃手・吉田高）、八五年は一位清原、二位山野和明（外野手・鎮西高）、八七年は一位鈴木健（一塁手・浦和学院高）、二位上田浩明（内野手・北陽高）と他を圧倒する野手の狙い打ちで強力打線を作り上げた。

この野手狙いは頭に「高校生の」という言葉が入る。プロ野球では高校生の野手を一人前に育て上げるのは難しく、のちに二〇〇〇本以上のヒットを放つ名選手でもドラフトでは四位以下のことが多い。

イチロー　四二五七安打（愛工大名電高→九一年オリックス四位）※日米合算
石井琢朗　二四三二安打（足利工高→八八年大洋ドラフト外）
秋山幸二　二一五七安打（八代高→八〇年西武ドラフト外）
前田智徳　二一一九安打（熊本工高→八九年広島四位）
中村紀洋　二一〇一安打（渋谷高→九一年近鉄四位）

プロ野球には「野球は投手から」という格言が存在し、ドラフトでは一位をピッチャーが占めることが多い。過去十年で見れば野手の一位は三十七人に過ぎず、割合で言えば三一パーセント。つまり投手七割、野手三割がプロ野球の常識なのである。西武の草創期はさらに投手偏重の空気は濃密だったが、根本陸夫はそこに「野手」のくさびを打ち込んだ。七八年から八七年までの十年間で指名した野手のドラフト一位は六人。この時期の西武は野手を中心にチーム作りをしようという狙いがあった。こんな球団は歴史上、草創期の西武だけである。

来季、二〇一九年の西武野手の年齢を見ると、秋山三十一歳、炭谷三十二歳、中村、栗山三十六歳と主力の大台越えが目立つ。山川、浅村も二十歳代後半だから若返りは必要である。それが過去十年のドラフト一位野手は一人だけ。明らかにスカウティングが投手偏重になっている。そして、その割に投手陣が弱い。

個人的なことを言うと、私は四十年近く前から西武ファンになった。大学も西武池袋線の江古田にあり、現在の住まいも西武池袋線沿線である。非常に昔から西武線に縁があり、自然な形で西武のファンになった。西武と激しく優勝を争った近鉄が優勝を懸けてロッテとのダブルヘッダーに臨んだ一九八八年の十月十九日は「10・19」と言われるが、このときは日本中のプロ野球ファンが近鉄を応援しているような空気が漂っていた。そんなときでも私は西武を応援していた。

私が西武ファンをやめたのは西武が黄金時代を迎えていたときだ。野茂に八球団が一位入札した八九年、西武の一位入札は潮崎哲也（投手・松下電器）だった。そして、松井秀喜に四球団が一位入札した九二年、西武の一位入札は杉山賢人（投手・東芝）だった。潮崎も杉山も九〇〜九四年のリーグ五連覇に貢献したいいピッチャーだが、チームをスケールアップして勝負にも勝つというのが根本のめざした野球だったのではないか。十年に一人の逸材、野茂と松井に見向きもしないで即戦力に向かった姿勢を見てあっさりファンを離れることができた。

根本は九三年にソフトバンクの前身、ダイエーの監督として招かれ、九五年に王貞治が監督に就くと同時にフロントに入って、草創期の西武時代にやったドラフトを再現し、現在に至るまで球界の上位に君臨している。長くスポーツライターをしているので〇〇が好きだ、という個人的感情はなくなったが、ソフトバンクはチーム作りに共感できる部分が多く、好感が持てることは間違いない。

高校生路線が待ち遠しい

前で「東北地区の大学生に狙いを絞った指名が見事」と書いたが、実は東北地区の大学生だけではない。〇八年以降だけでも函館大、福岡大、第一工大、別府大、平成国際大、北海学園大、白鷗大、岐阜経済大の選手を指名している。それに対して〝実力の東都〟と言われる東都大学リーグ勢は、〇九年の岡本洋介（国士舘大→ヤマハ）、一〇年の林﨑遼（東洋大）、一一年の十亀剣（日本大→JR東日本）、小石博孝（立正大→NTT東日本）しかいない。草創期は森、松沼博久、松沼雅之、石毛など、東都出身の主力が多くいた。

現在の西武とは対照的に、ライバルのソフトバンクは東浜巨《なお》（亜細亜大）、髙田知季《ともき》（亜細亜大）、松田宣浩（亜細亜大）、長谷川勇也（専修大）など現役に東都出身者が揃っている。球団によってチーム作りの方向性がこれほど違うのかと改めて思い知った。

高校生では大阪桐蔭OBの活躍が目覚ましい。二〇〇〇年に水田圭介、福井強（ともに大阪桐蔭高→プリンスホテル）が七、八位で入団すると、翌〇一年に中村、〇八年に浅村、一三年に森、岡田雅利（大阪ガス経由）と続いている。

西武打線の積極性、思い切りのよさは中村、浅村によって作られている。簡単に言うと相性がいい。それならもっと多く獲得してもいいと思うが、大阪桐蔭野球部の歴史は私たちが思っているほど古くない。プロ入り第一号の今中慎二が中日に一位指名されたのが八八年。それから三十年しか経っていないのである。その中で成功選手は今中、中村、岩田稔、西岡剛、平田良介、中田翔、浅村、藤浪晋太郎、森の九人。まだ十人未満である。一八年のドラフトでは藤原恭大《きょうた》（外野手）、根尾昂（投手&遊撃手）が一位指名でプロ入りし、その強さに惹かれて中学生の逸材が続々と集まっている。本番はこれからだ。

西武のドラフトに注文はある。日本ハム方式と言ってもいい「その年のナンバーワンに向かう」姿勢を持ってほしい。〇八年以降、一位で競合したのは菊池雄星（〇九年）、大石達也（一〇年）、東浜巨（一二年、抽選負け）、田嶋大樹《だいき》（一七年、抽選負け）の四回。少なくないが、多くもない。日本ハムは八回も競合し、獲れたのは斎藤佑樹（一〇年）、有原航平（一四年）、清宮幸太郎（一七年）の三人。宝くじも日常的に買っている人に当たるというが、ドラフトも同じだ。チャレンジする球団に三割の恵みがもたらされる。

人気選手への入札は球団のチャレンジ精神の表れでもある。日本ハムは一一年に菅野智之（東海大）の交渉権を得て拒否され、翌一二年にはメジャー入りが確実視されていた大谷翔平（花巻東高）を単独一位指名している。それにくらべると西武の指名は冒険心で劣る。日本ハムの山田正雄（当時GM）、吉村浩（現GM）は当時を回顧し、大谷の入団がなければ球団に残れたかどうかわからないと言っている。

そういうチャレンジ精神と野手の一位指名の少なさを見ると、一七年は清宮を一位で入札してほしかった。菊池と浅村の移籍が囁かれている現状があるのでよけいにそう思う。一八年のドラフトも単独指名で松本航《わたる》（投手・日本体育大）を指名している。悪くはないが双手《もろて》を上げて賛成もできない。

福岡ソフトバンクホークス

HAWKS

柳田悠岐も三十代になった。高齢化に対する備えは万全ではない。

創　設	1938年2月22日創立
本拠地	福岡 ヤフオク!ドーム
パ・リーグ優勝	18回
日本シリーズ優勝	9回
2018年	82勝60敗1分　第2位

H 優勝したら三べん回ってワンと鳴く

豊富な資金力を背景に過去十年の成績はリーグ優勝五回、日本一四回を誇る。二〇一八年こそリーグ優勝は逃したが二位に踏み止まり、日本シリーズでも優勝して実力を証明。この球団が長く低迷することは考えづらい。それくらい資金力とともに監督、コーチ、選手のユニフォーム組、編成、スカウト、スコアラーの背広組が充実している。

私が子どもだった頃の南海ホークスは大阪難波に本拠地があり、三原脩、水原茂とともに「三大監督」と呼ばれた鶴岡一人《かずと》監督が三塁コーチャーズボックスに立ってブロックサインを操り、一言で言うと格好よかった。シンプルで上品だったユニフォームに緑色が加わった野村克也監督時代の後半になるとプレーからはスマートさが消え失せてチーム成績はどんどん下降、七八年から九七年までの二十年間はBクラスをさまよう暗黒時代に突入してしまった。

八八年に大手流通企業のダイエーが南海を買収してもBクラスからの脱出はかなわず、九三年には西武のフロントから転身した根本陸夫が監督に就き、西武時代と同様にドラフトからチームを変えようとした。

九二年オフのドラフトでは早稲田大を中退してアメリカの独立リーグに所属していた大越基《もとい》を一位指名して世間をあっと言わせ、九三年からは新たに導入された大学生&社会人に限り選手が球団を選べる逆指名制度（一球団二人まで）を活用して資金を投下、大物の大学生&社会人の獲得をめざした。

九三年に渡辺秀一（投手・神奈川大）、小久保裕紀（三塁手・青山学院大）、九六年に井口忠仁（資仁、遊撃手・青山学院大）、松中信彦（一塁手・新日鉄君津）、九七年に永井智浩（投手・ＪＲ東海）など即戦力候補を続々獲得、その一方で九四年には〝超高校級〟と呼ばれた城島健司（捕手・別府大附高）、九五年には斉藤和巳（投手・南京都高）を一位指名し、のちのチームの中心選手に育て上げる。ちなみに、根本は西武時代と同じように九五年にはフロントに入り、後継監督に元巨人監督の王貞治を迎えている。

デポルテという編集プロダクションに勤め、いろいろな雑誌の仕事を手伝っていた頃、同僚のＡさんが「ダイエーは絶対に優勝できない」と言うので、私は「そんなことはない」と反論すると、Ａさんは「もし優勝したら三べん回ってワンと鳴く」と宣言した。

はたして、ダイエーは九九年に日本一になった。落語家の立川談志師匠を上野池之端の鰻屋に招いて取材したのはその頃である。談志さんに「この男はダイエーが優勝したら三べん回ってワンと鳴くと宣言したんですよ」と言うと、非常に面白がり、「今ここでやれ」と言う。Ａさんは皆の拍手に促《うなが》されて私たちの周りを三べん回ると、「ワン」と鳴いた。

Ａさんが「ダイエーは優勝できっこない」と考えたのには理由がある。投手陣を見ると、工藤公康、西村龍次、吉田修司、長冨浩志《ながどみひろし》という他球団で主力だった選手が多く在籍し、打者も三十歳を超える秋山幸二、吉永幸一郎が主役で、城島、井口、松中は本格化を前に足踏みしていた。

他球団の主力を獲得できる資力のある球団は巨人、阪神、オリックスもそうだが、獲った選手はよほどのことがない限り起用するので主力が高齢化する。たとえばMLBのヤンキースは、井川慶（当時阪神）を三十億円という高額で獲得しても、チームに合わないと思えばファームに塩漬けする。このへんの経済感覚が巨人、阪神、ダイエーとは異なる。

Aさんはがらくた骨董市化したダイエーに可能性を感じなかったが、ドラフト至上主義の私は根本のドラフトを信じていた。暗黒時代の真っただ中にいた九七年オフに出版した『ドラフト王国』（蒼ブックス）という本ではダイエーを「打線にボリューム感のあるダイエーが三年後のパ・リーグを制しているような気がする」と書き、そのあとに「チームは打てる野手を揃えてから守りに入ったほうが安定するという傾向がある」と続けた。この思いは今も変わらない。

育成ドラフト出身が主力になった

九九年に二十六年ぶりのリーグ優勝（三十五年ぶりの日本一）に輝いたホークスは〇五年に親会社がソフトバンクに代わっても強さは失われず、一八年現在まで黄金時代の中にいる。

球界に目を移すと、〇四年の再編騒動を契機にドラフト改革に着手、大学生&社会人が球団を選べる「自由枠制度」は「希望枠」という名に改められたあと〇六年限りで廃止、〇五～〇七年には高校生と大学生&社会人に分けて指名をおこなう「分離ドラフト」が採用され、〇八年からは高校生と大学生&社会人を同じ舞台で指名する統一ドラフトに戻し、現在に至っている。

また、分離ドラフトが採用された〇五年には育成ドラフトが行われている。故障した一軍選手のリハビリの場と化したファームからは当時、試合をするのさえ難しいという声が噴出していた。それを補うために支配下登録七十人枠は据え置くとして、育成枠を作ってファームの増員を目指した。

第一、二回育成ドラフトで指名された山口鉄也（投手・巨人）、松本哲也（外野手・巨人）の活躍もあって、育成ドラフトは「ファームの増員を図る」というより、主力級の活躍が見込める宝の山のような場所になった。第三回以降も内村賢介（内野手・楽天）、西野勇士《ゆうじ》（投手・ロッテ）、岡田幸文《よしふみ》（外野手・ロッテ）などを輩出している。

育成ドラフトを最も活用しているのがソフトバンクだ。〇六年に山田大樹《ひろき》（投手・つくば秀英高、現ヤクルト）、〇八年に二保旭（投手・九州国際大付高）が一軍に飛び出すと、一〇年には同四位千賀滉大（投手・蒲郡高）、五位牧原大成（内野手・城北高）、六位甲斐拓也（捕手・楊志館高）を指名し、一三年の同一位石川柊太《しゅうた》（投手・創価大）は一八年に一三勝して、千賀とともに投手陣の両輪となった。

そして見逃せないのが、ソフトバンクで芽の出なかった選手が他球団に移籍してから素質が開花した例があること。たとえば、ヤクルトで通算一六勝二〇敗している山中浩史（一二年ドラフト六位）はソフトバンクで無勝利だった選手で、それが一四年にヤクルトに移籍すると一五、一六年に連続して六勝を挙げ、チームになくてはならない存在になっている。

一一年の育成ドラフト二位で入団し、一四年まで育成選手だった亀澤恭平もトレードで花が開いた選手だ。一五年に中日に移籍するといきなり一軍で一〇七試合に出場、八九安打を放って中心選手の仲間入りを果たし、一八年まで通算二四三安打を記録している。

育成選手の契約期間は三年で、それが過ぎると在籍していた球団だけでなく、他球団との契約も可能になる。亀澤はその制度を利用してオファーのあった中日と契約したわけだが、曽根海成《かいせい》（一三年育成ドラフト三位）は四年目の一七年開幕前に支配下登録され、一八年七月に広島にトレードされている。一七年のフレッシュオールスターではＭＶＰを獲得し、今季の広島での一軍成績は一一試合に出場して一八打数五安打、打率・二七八。ソフトバンクの移籍選手は他球団で活躍することが多いようだ。

三軍監督、コーチの育成力や、福岡県筑後市に建設したＨＡＷＫＳベースボールパーク筑後などファーム施設の充実が育成選手の活躍の背後にあることは間違いないが、問題点もある。それは一四年以降に指名したドラフト一位、松本裕樹（投手・盛岡大附高）、髙橋純平（投手・県立岐皇商高)、田中正義《せいぎ》(投手・創価大)、吉住晴斗《よしずみはると》(投手・鶴岡東高)の成長が遅いことだ。

レギュラーの年齢が高ければ控え選手をなるべく若くして将来に備えるというのは鉄則だが、〝選手の充実度は球界ナンバーワン〟のファーム施設がここで問題になってくるのだ。アマチュア当時の評価は高くなくても筑後のファーム施設で四、五年鍛え上げれば球界を代表する凄い選手になるはず……そういう思い込みのせいでなかなか一軍に上げられない、という意識がどうやら球団上層部に見え隠れする。

「完成品に育て上げて一軍に上げる」

これが現在のソフトバンクの育成プランのようなのだが、これと真逆なのが日本ハムである。日本ハムの若手起用の背景にあるものとは何か。

若手選手を完成品にしてから一軍に上げる時間的な猶予がないのは、日本ハムの選手層の薄さゆえなのだが、「一軍の空気に慣れれば選手は勝手に大きくなる」と、どうもそういう考えがあるようにも思える。

(Number Web「〝Mr.ドラフト〟の野球日記」より)

ソフトバンク主力の高齢化と若手の抜擢の遅さを憂慮した文章で、ウェブにアップされたのは一八年六月二十二日である。その後、牧原が飛び出して高齢化の印象は薄まったが、松田宣浩《のぶひろ》の後継者問題や、一軍戦力の穴埋めを外国人頼りにして、結果的にバンデンハーク、モイネロ、サファテ、ミランダ、スアレス、デスパイネ、グラシアルの七人が支配下登録されているような現状は好ましいとは思えない。

ソフトバンクドラフト一位の一軍定着は、東浜巨（一二年）が一六年、加治屋蓮《かじやれん》（一三年）が一八年。四、五年かけるのがホークス流だとわかるが、日本ハムは大谷翔平（一二年）が一四年、有原航平（一四年）が一五年だから一、二年で定着している。私はこの面に関しては日本ハム方式のほうがいいと思っている。それをスムースに行えないほどソフトバンクには実績のある中堅、ベテランが多いということだろうか。それがソフトバンクのアキレス腱のように思えて仕方がない。

H 高齢化に対する備えが万全でない

二〇〇八年以降を振り返ると、高校生の一位指名が十二球団で最も多い六人を数える。今宮健太（〇九年・遊撃手）、山下斐紹《あやつぐ》（一〇年・捕手）、武田翔太（一一年・投手）、松本（一四年・投手）、高橋（一五年・投手）、吉住（一七年・投手）である。同様に野手の指名は二人で、これは十二球団の中で九番目。下から三番目と言ったほうが早い。一位指名は高校生と野手のほうがいいと言っているのではない。ドラフトに向かうときの〝勇気指数〟だと思っていただきたい。

※高校生の一位指名……ソフトバンク六人、西武、日本ハム、楽天、ヤクルト各五人
※野手の一位指名……巨人、ロッテ、各五人、日本ハム、広島各四人

これを見ると、〝勇気指数〟の高いのは日本ハムである。

反対に高校生の一位指名が少ないのは阪神一人、オリックス、DeNA、ロッテ各二人、巨人、広島各三人で、野手の一位指名が少ないのは西武、楽天各一人、ソフトバンク、中日各二人、阪神、オリックス、ヤクルト、DeNA各三人だから、勇気指数の低いのは阪神、オリックス、DeNAあたりだろうか。

ソフトバンクの戦力を改めて振り返ると、内川聖一が来季三十七歳、松田が三十六歳になり、若いと思っていた中村晃、福田秀平も三十歳を迎え、柳田悠岐、明石健志、長谷川勇也も大台を越えている。

ソフトバンクは資金力があるのでFA宣言した他球団の主力を獲得することが可能で、メジャー帰りも川﨑宗則を一七年に迎え入れている。そっちのほうが効率的だからドラフトでは活躍が不透明な野手を上位で指名しないのか。

過去十年の指名で目立つのは断然、高校生の多さだ。育成ドラフトを除く総勢五十二人が指名を受け、このうち約六五パーセントに当たる三十四人が高校生。私は高校生の指名は評価するが多すぎるのはよくないと思っている。野球は何でもバランスが大事なので、半々くらいがいい。指名率二〇パーセント強の大学生から柳田悠岐、東浜巨、一三パーセント強の社会人から攝津正、森唯斗が輩出されているので、もっと割合が増えればこの分野の成功選手も増えたはずだ。

投手陣の若さは特筆していい。主戦の千賀、武田、東浜、石川が二十歳代半ばで、リリーフの森、加治屋も二十歳代。二十歳代前半の若手には松本裕樹、田中正義、髙橋純平、大竹耕太郎が控え、外国人のモイネロも一九年に二十四歳になるので若手と言っていい。この投手陣の充実を見れば、今後は野手に重点を置いた指名が考えられる。

一番考えなければいけないのはポスト松田だ。一三年に上林誠知《うえばやしせいじ》（仙台育英高）を四位で獲得したときスカウトは「サードで育てます」と言っていた。そういう器用さがなかったのか、高校時代に守っていた外野がそのまま現在のポジションになったが、それ以降のドラフトで後継候補を探すと、増田珠《しゅう》（横浜高・一七年三位）くらいしか見当たらない。やはり一、二位の上位指名でないと、球団のやる気が感じられない。一八年ドラフトでは一位で入札した小園海斗《かいと》、辰巳涼介を抽選で外して即戦力候補の甲斐野央《ひろし》（投手・東洋大）を外れ外れ一位で指名している。

北海道日本ハムファイターズ

FIGHTERS

ダルビッシュ有が高校生路線に魂を注入した。次の主力は清宮だ！

創　設	1945年11月6日加盟
本拠地	札幌ドーム
パ・リーグ優勝	7回
日本シリーズ優勝	3回
2018年	74勝66敗3分　第3位

F ダルビッシュ有から始まった！

日本ハムのドラフトに高校生路線の魂が注入されたのは二〇〇四年一位のダルビッシュ有（投手・東北高）からだ。逆指名制度が導入された一九九三年〜〇三年までの十一年間、一、二位の上位指名は高校生九人、大学生九人、社会人四人。つまり、高校生と大学生&社会人の割合はちょうど半々。この十一年間で〝成功選手〟の基準をクリアした選手は十四人いる。

金子誠（三位・遊撃手・常総学院高）、井出竜也（二位・外野手・日本通運）、金村秀雄《さとる》（暁、一位・投手・仙台育英高）、小笠原道大《みちひろ》（三位・捕手・NTT関東）、高橋信二（七位・捕手・津山工高）、建山義紀（二位・投手・松下電器）、森本稀哲《ひちょり》（四位・内野手・帝京高）、田中賢介（二位・遊撃手・東福岡高）、木元邦之（二位・内野手・龍谷大）、武田久（四巡・投手・日本通運）、小谷野栄一（五巡・三塁手・創価大）、鶴岡慎也（八巡・捕手・三菱重工横浜クラブ）、糸井嘉男（自由枠・投手→外野手・近畿大）、押本《おしもと》健彦（四巡・投手・日産自動車）。

成功選手の出身別割合は、高校卒五人、大学卒三人、社会人出身六人だ。井出、小笠原、建山、武田久の社会人出身が豪華で、大学卒は糸井がいても全体の数が少なく、高校卒は金子、金村、森本、田中賢などがいてまあまあ。この結果を見れば「これからは社会人中心でいこう」となりそうだが、時代はバブルが弾けて〝失われた二十年〟の真っ只中。社会人野球の企業チームが年々減っていく状況で〝社会人中心〟を推し進めていくのは難しかっただろう。そして〇四年になって一位の有力候補にダルビッシュが挙がっていた。

東北高二年の十一月十四日、明治神宮大会一回戦、ダルビッシュは済美高に〇対七で七回コールド負けしている。マウンド上で球審のストライク、ボールの判定に不服そうな態度を隠さないダルビッシュを見て、これはプロで成功しないと思ったが、翌年春のセンバツでは初戦の熊本工相手にノーヒットノーランを演じる。変化球の多彩さやバント処理で見せた二塁送球の素早さなど好材料が多く、ストレートは最速一四七キロを計測した。

評価の難しいダルビッシュを当時の日本ハムスカウト陣はどう評価していたのだろう。二〇一四年十月に山田正雄（当時GM）に話を聞いた。

小関　あの年（〇四年）のドラフト前、吉村浩さん（当時球団本部長）に「ダルビッシュはどう思いますか」とドラフトの前に言われて、僕は「多分だめだと思う」と言ったんです。１００かゼロかどっちかで中間にはこないんです。僕はもうゼロのほうにきてると思ったものですから。すぐふてくされる、練習をしないという情報も耳に入っていたので。でも吉村さんは「うちのスカウトは行くつもりですよ」と言うんで、「えーっ本当に」とちょっとゾッときましたね。

山田　僕が心配したのも今小関さんが言った、まさしくそれなんですね。ダルの性格を見抜くために台湾まで追いかけたんです（〇四年九月に台北で行われたＡＡＡ世界選手権）。それがいいところで、あいつのある面を見られたものですから、それで勝負したんですよ。

小関　何があったんですか。

山田　性格や内面のことを心配していて、渡辺元智《もとのり》（当時・横浜高校監督）代表監督にもそういう話をしてたんです。「山田さん、こんなところまで何しにきたの」と言うから、「ダルの性格を調べに」と。そうしたら「もしあいつが打たれたら俺が怒って、そのあとどういう態度に出るか、そういうのを見てやるよ」というようなことを言ってくれたんですね。

小関　どうでしたか？

山田　彼を見るために前から二番目ぐらいの席にずっといました。そうしたら、台湾戦でもキューバ戦でも打たれたんですが、代えられてベンチの裏へ行ってそのまま出てこないと思っていたら、出てきて応援するんですよ、一生懸命。それを見たとき、あいつの性格は捨てたものじゃないなと思いました。それで、いってみようかなと。

小関　成長痛で練習ができないとも言われていました。

山田　僕が見に行ったときも合宿所の玄関のところで腹筋していて、全然グランドにいないんです。それであんな感じでしょう。ですから、小関さんが「ゼロか１００か」というのはほとんど正しいと思うんです。僕自身も知りたかった。東北高校には何回も行ったし、練習を見ていても全然つかめなかった。

（ベースボールドットコムより）

この細部を見ようとする態度は山田さんの特質のようでもあり日本ハムスカウト陣の特質のようでもある。いずれにしても百かゼロか見極めが難しいダルビッシュを単独一位指名で獲得し、日本を代表するどころかメジャーリーグ一年目から三年間で三九勝するほどのピッチャーに育て上げたことで、日本ハムのドラフトに向かう姿勢が決定的になった。

F 野手は高校生、投手は大学生&社会人を上位に

二〇〇五〜〇七年の三年間だけ行われた分離ドラフトは全般的に高校卒のほうが活躍している。日本ハムの大学生&社会人は、八木智哉（投手・創価大）、川島慶三（内野手・九州国際大）、武田勝（投手・シダックス）、多田野数人《かずひと》（投手・インディアンス）、宮西尚生《なおき》（投手・関西学院大）が活躍したが、高校生は陽岱鋼《だいかん》（外野手・福岡第一高）、吉川光夫（投手・広陵高）、中田翔（外野手・大阪桐蔭高）がタイトルを獲得しているので、他球団同様に高校卒の頑張りのほうが目立つ。

「他球団同様に」と書いたが、タイトル獲得者を三人輩出しているのは十二球団の中で日本ハムだけだ（陽／盗塁王、吉川／最優秀防御率、MVP、中田／打点王）。この分離ドラフトの成果と、

○四年の一巡、ダルビッシュの活躍がその後の高校生の指名に勇気を与えた。

札幌移転後に戦力になった選手は十九人だ。出身別で見ると高校卒十二人、大学卒四人、社会人出身三人で、高校卒のほうが戦力になっている。高校卒をさらに投打で分類すると（大谷翔平を投手○・五人、野手○・五人にしている）投手四・五人、野手七・五人になる。高校卒は投手より野手のほうが戦力になっている。

大学生&社会人は反対に投手のほうが戦力になっている。それも上位指名ではなく下位指名が多い。武田は四巡（上から三番目に指名）、宮西は三巡、増井浩俊は五位、高梨裕稔は四位という具合で、上位は有原航平と加藤貴之だけである。

この日本ハムの指名を見ていると、ドラフトにおける最善の戦略が見えてくるようだ。その年のナンバーワンを一位入札するというのが日本ハムのスタイル。抽選で外したら超高校級の野手を迷わず指名し、いなければ大学生&社会人の投手を指名する。下位指名も投手は大学生&社会人中心、野手は高校生中心でいく。これが間違いの少ないやり方だと思う。

○九年は菊池雄星（西武）を外して中村勝（投手・春日部共栄高）、一三年は松井裕樹（楽天）、柿田裕太（DeNA）、岩貞祐太（阪神）を外して渡邉諒《りょう》（内野手・東海大甲府高）、一五年は高橋純平（ソフトバンク）、小笠原慎之介（中日）を外して上原健太（投手・明治大）、一六年は田中正義（ソフトバンク）、佐々木千隼《ちはや》（ロッテ）を外して堀瑞輝《みずき》（投手・広島新庄高）というのが、過去十年の外れ一位の顔ぶれだ。所々で迷いが見える。

一五、一六年はさらに試行錯誤する様子が見えた。一五年は超高校級投手の髙橋純平、小笠原慎之介を抽選で外し、上原健太（投手・明治大）を外れ外れ一位で指名して二位以下も加藤貴之、井口和明、田中豊樹、横尾俊建、吉田侑樹という大学生、社会人の投手と野手を指名。一六年は二位以下で石井一成、高良《たから》一輝、森山恵佑、玉井大翔《たいしょう》という大学生＆社会人を指名した。

ここで注目したいのは東京六大学リーグの選手の多さだ。上原以外にも横尾（慶応大）、石井（早稲田大）、宮台康平（東京大）がいて、さかのぼれば一四年一位・有原（早稲田大）、一三年三位・岡大海（明治大）、六位白村明弘（慶応大）、一〇年一位・斎藤佑樹（早稲田大）も六大学出身。

過去十年、東京六大学リーグの選手がドラフト（育成除く）で指名されたのは六十四人。セが三十七人（五八パーセント）、パが二十七人（四二パーセント）だ。球団別に見ると、阪神、DeNA各九人、日本ハム八人、広島、楽天各七人、中日六人……と続く。少ないのはソフトバンクのゼロ人（一七年育成四位で早稲田大の大竹耕太郎を指名）、巨人、ヤクルトの各三人。

野村祐輔（広島）、中村奨吾（ロッテ）、田中和基、高梨雄平（ともに楽天）など活躍する選手はいるが、厳密に〝成功選手〟の基準で当てはめれば十数パーセントの成功確率である。質量ともレベル低下が見て取れる。

それでも指名をするのは、高校時代に高い評価をされた選手が多いからだ。授業優先、全体練習の短縮に阻まれ素質が開花し切っていない選手が多い、彼らを野球一色の環境に放り込めば眠っていた才能が覚醒する、そういう可能性を日本ハムは見ているのではないか。岡（一八年、ロッテに移籍）、白村、上原、横尾、宮台など、他球団にくらべて未完の大器タイプを多く指名しているのを見るとよけいにそう思う。

上原、加藤を一、二位指名した一五年のドラフトを私はうまいとは思わず、『二〇一六年版プロ野球問題だらけの12球団』（草思社）では姫野優也（外野手・大阪偕星学園高）の八位指名に仮託して「今年の中では最も日本ハムらしい」と皮肉った。しかし、今は違う感想を持っている。

日本ハムは定型を生み出したと思った次の瞬間には異なるスタイルを求めている。野球の変化によってスタイルは変わっていくわけだが、日本ハムのドラフトはその変化のスパンが短くて付いていけないときがある。しかし、定型にこだわれば時代の変化に置き去りにされる危険性もある。つくづく立ち止まらない球団だと思う。

F 成熟ではなく生きのよさ

そんな日本ハムがかつての定型に戻ったのが一七年である。高校通算一一一本のホームランを放った清宮幸太郎を一位で入札、七球団による抽選の末に獲得した。大谷翔平がメジャーリーグのエンゼルスに移籍し、チームの主砲、中田翔もＦＡ移籍の報道が絶えない。次代をになう和製大砲が最も望まれているときに最適の人材を獲得できるというくじ運の強さにはため息が出るが、その年のナンバーワン選手から逃げないという伝統がなければ獲れなかったことも間違いない。

一八年九月には一番西川（中堅手）、二番大田（右翼手）、三番近藤（左翼手）、四番中田（一塁手）、五番レアード（三塁手）、六番アルシア（指名打者）、七番渡邉（二塁手）、八番清水（捕手）、九番中島（遊撃手）という打順をよく目にした。外国人を除けば、七人とも高校卒である。

中田の代わりに一塁に清宮が入ったこともある。そのとき中田は指名打者に入り、キャッチャーに石川亮、外野に淺間大基《だいき》や松本剛《ごう》が入ったこともある。以下は一八年の日本ハムの布陣である（判断基準は試合数）。捕手の鶴岡慎也と外国人以外は高校卒である。

捕手・鶴岡、一塁手・中田、二塁手・渡邉、三塁手・レアード、遊撃手・中島、外野手・西川、大田、近藤、指名打者・アルシア。

それに対して投手陣は先発が、上沢直之、マルティネス、有原航平、高梨裕稔、加藤貴之、村田透、中継ぎが宮西尚生、井口和朋、浦野博司、鍵谷陽平、公文《くもん》克彦、玉井大翔、トンキン、西村天裕《たかひろ》、堀瑞輝、抑えが石川直也という布陣。この十六人のうち大学生＆社会人は十一人。明らかに高校卒が少ない。

考えてみれば、分離ドラフトの三年間でも高校生ドラフトの一巡で指名した投手は吉川だけで、あとは陽と中田だった。その前の九五～〇四年の十年間を見ても高校生投手の一、二位は矢野諭

（九六年一位）、正田樹（九九年一位）、鎌倉健（〇二年二位）、須永英輝（〇三年二位）、ダルビッシュの五人しかいない。さらにその前の十年間は岩本勉（八九年二位）、上田佳範（九一年一位）、金村（九四年一位）しかいない。彼らがまったく駄目だったら即戦力狙いも仕方ないが、ほとんどの選手は記憶に残る活躍をしている。それでも高校生のピッチャーが上位で指名されることは少なかった。これは球団の伝統というしかない。

球界再編が起こった〇四年以降、最も冒険心に富んだドラフトを行ってきたのが日本ハムであることは間違いない。しかし、ダルビッシュ、陽、吉川、大野、増井、大谷など主力になればチームを離れていくのもチームの伝統で、かつてのV9巨人、三連覇の阪急、七年間で六度の日本一に輝いた西武のような成熟した強さを見せることはない。チーム作りを見れば、「成熟」とは縁のないチームだということがわかる。成熟の代わりに味わえるのが生きのよさだ。

一八年の六月下旬、日本ハム二軍対四国アイランドリーグ選抜戦では清宮と渡邉が二本ずつホームランを放ち、ピッチャーでは一七年のドラフト三位、田中瑛斗《えいと》（柳ヶ浦高）が上沢を思わせる美しいフォームから一四六キロのストレートを投げ可能性を感じさせた。彼らが主力になるのはすぐ先の未来である。

オリックス・バファローズ

BUFFALOES

吉田正尚が四番に育った。しかしながら高校卒の選手が育たない。

創　設	1936年1月23日創立
本拠地	京セラドーム大阪
パ・リーグ優勝	12回
日本シリーズ優勝	4回
2018年	65勝73敗5分　第4位

B 一回のドラフトで三人の名球会メンバーを

日本プロ野球名球会の会員資格「二〇〇〇安打以上、二〇〇勝以上、二五〇セーブ以上（いずれも日米通算が可）」をドラフト制以降にクリアした選手は五十五人。彼らをドラフトで多く指名したのは広島、中日の七人を筆頭に西武、ヤクルト各六人……等々。このうちの約三割が一九六五〜七〇年のドラフトに集中している。選手不足が深刻だから公平に選手が各球団に行き渡るようにドラフトが導入された。そう考えるとドラフト発足当時、選手層の薄かった広島、西武（当時西鉄）、ヤクルトに大台をクリアした選手が多かったのは納得できる。

大台クリアが少ないのは歴史の浅い楽天でゼロ人、それ以外では日本ハム二人、阪神三人、ソフトバンク、オリックス、ロッテ、巨人各四人と続いていく。阪神は少ないが他球団から金本知憲、新井貴浩（ともに広島）、福留孝介（ヤンキースなど）、巨人は工藤公康（西武、ダイエー）清原和博（西武）、小久保裕紀（ダイエー）、小笠原道大（日本ハム）、落合博満（ロッテ、中日）を入れ、バランスを取っている。

名球会の会員資格をクリアした三人を一回のドラフトで獲得した球団もある。一九六八年の阪急（現オリックス）だ。

一位　山田久志（投手・富士製鉄釜石）二八四勝一六六敗
二位　加藤秀司（一塁手・松下電器）二〇五五安打
七位　福本　豊（外野手・松下電器）二五四三安打、一〇六五盗塁

一回のドラフトで名球会メンバーを三人獲得した以上に、その三人が社会人出身というのが驚く。五十五人の出自を調べると、高校卒二十五人、大学卒十六人、社会人出身十四人である。安定感の大学、社会人、ゼロか百かの高校生というのがドラフトを考えるときの基礎知識。それが山田、加藤、福本の三人は安定感というレベルを飛び抜けてチームの黄金時代を切り拓く原動力になった。ちなみに、ドラフト一二位の門田博光（外野手・クラレ岡山）が入団を拒否しなければ、大台超えは四人になっていたかもしれない。

加藤は八二年までの十四年間、山田と福本は八八年までの二十年間、阪急の選手としてプレーし（加藤は八三年以降、広島、近鉄、巨人、南海でプレー）、加藤はＭＶＰ一回、首位打者二回、打点王三回、福本はＭＶＰ一回、盗塁王一三回、山田はＭＶＰ三回、最多勝三回、最優秀防御率二回……等々、数々のタイトルに輝いた。この三人の存在がのちの阪急、オリックスのドラフト戦略の基礎になっている。

B　安定を求めたら、チームは弱体化する

社会人を主体にした指名に定評のあるオリックスだが、高校卒の主力も輩出している。七八年ドラフト外・松永浩美（三塁手・小倉工高中退）、八三年五位・星野伸之（投手・旭川工高）、九一年四位・イチロー（外野手・愛工大名電高）、九三年一位・平井正史《まさふみ》（投手・宇和島東高）……等々。松永は八〇年代の上田利治監督時代、星野は上田と九〇年代の仰木彬《おおぎあきら》監督時代、イチローと平井は仰木時代の主力選手としてプレーして、チームを優勝に導いている。しかし、数が少ない。

二十年ほど前、球団のフロントトップに取材したとき、こういうことを言われた。

「（高校卒が）ファームの二軍だけで二十二〜二十三歳で終わるのは不幸だと思います。スカウトに言うのは〝ちょっと肩がいい〟〝ちょっと足が速い〟〝ちょっとバッティングがいい〟〝ひょっとしたらモノになる〟というレベルの選手はとるな、大学、社会人に行かせなさい、というのです」

私が違和感を憶えたのは、そのフロントトップが続けて「イチローや松井（秀喜）のような間違いなしの素材は大学野球や社会人に行かせてはいかんし」と言ったからだ。松井はともかく、イチローはドラフト四位で、プロ入り前の評価は「間違いなしの素材」ではなかった。

この話を聞いたのが一九九九年で、オリックスは翌二〇〇〇年から一八年までの十九年間、A

クラスが二回という暗黒時代の中でもがいている。この頃のドラフトを見れば、それも仕方がないと思える。〇〇年は十二球団最多の九人を指名して成功選手はゼロ、〇一年は十四人を指名し、一巡の内海哲也には入団を拒否され、成功選手は自由枠の平野恵一（遊撃手・東海大）と一〇巡の後藤光尊（内野手・川崎製鉄千葉）の二人だけ。一二巡以下の四人と契約金ゼロ円で契約したことも評価できない。〇二、〇三年にも七人を指名し、この四年間で三十七人を指名し、成功選手は平野、後藤、加藤大輔（投手・神奈川大）の三人。

私はスカウティングには冒険心が必要だと思っている。安定を求める指名はチームを弱体化させる、これは長くプロ野球を見てきた私の信念と言ってもいい。同時期のダイエーは寺原隼人、杉内俊哉、和田毅、新垣《あらかき》渚、馬原《まはら》孝浩を獲得し、西武は帆足《はあし》和幸、中島裕之、細川亨、中村剛也、栗山巧を獲得している。

西武が指名した五人のうち帆足を除く四人はまだ現役である。一八年のリーグ優勝が決まった翌日の日刊スポーツには中村と栗山の対談が載っていて、栗山は若かった頃を回想して「俺なんか二番で四打席、計四球で終わったことがある。全部初球打ちで、全部セカンドゴロ。必死すぎて『何が悪いんかな』と思ってた」と言っている。当時のオリックスが指名する選手は、こういう栗山のような超積極的なバッティングは絶対にやらなかったと思う。スカウティングするほうに冒険心がないとこういう栗山みたいな選手は指名できない。

Ｂ暗黒時代と黄金時代は背中合わせ

黄金時代と暗黒時代はまったく正反対の事象と言っていいが、実は背中合わせに存在している。西武は西鉄時代の六八年以降、親会社が太平洋クラブ、クラウンライター、西武と入れ替わりながら八一年までの十四年間、Ａクラスが一回だけという暗黒時代の中にいたが、八二年から九四年までの十三年間、リーグ優勝が一一回、日本一が八回という黄金時代を築いた。

ソフトバンクは、南海時代の七八年から親会社がダイエーに替わった九七年までの二十年間、常にＢクラスに低迷したが、九九〜一八年の二十年間、今度はリーグ優勝八回、日本一六回という黄金時代を迎えている。

ロッテは八六〜〇四年までの十九年間、Ａクラスが一回だけという暗黒時代にいたが、〇五年と一〇年には日本一に輝いている。

セ・リーグでは八五年に初の日本一に輝いた阪神が、八七〜〇二年までの十六年間、Ａクラスが一回だけという暗黒時代に沈み、ＤｅＮＡは九八年に三十八年ぶりの日本一に輝くが、〇二〜一五年までの十四年間、Ａクラスが一回だけという暗黒時代を迎える。中日は落合博満監督のもと八年間でリーグ優勝四回、日本一が一回という黄金時代を築くが、二年後の一三〜一八年まで六年連続Ｂクラスを続行中である。

ヤクルトは八一～九〇年までの十年連続Bクラスに沈み、野村克也監督が采配を振るった九〇～九八年までの九年間、リーグ優勝四回、日本一に三回も輝いている。巨人だってV9から二年後の七五年にチーム初の最下位に沈み、広島は九八～一二年までの十五年間、Bクラスに沈み、一三年から現在までは六年間でリーグ優勝三回という黄金時代の中にいる。

オリックスもこのねじれと無縁ではない。初優勝した六七～九九年までの三十三年間、リーグ優勝一二回、日本一四回という安定期の中にいたが、〇〇～一八年までの十九年間、Aクラスは二回だけである。なぜこういう現象が起きるのか不思議だが、多くの球団の戦力補強はドラフトなので、「今年はこの選手の評価が高いのでこれで行くか」くらいの指名戦略のなさが、チームの低迷を呼んでいるのだろう。

オリックスに関して言えば、伝統芸にもなっている社会人主体の指名はあっていい。ただ、〇八年以降のドラフトで入団した選手のタイトル獲得（一七年まで）は一人（佐藤達也）。これは十二球団でもオリックスだけである。社会人出身の持ち味はチーム内でのコミュニケーション能力の高さや、自己犠牲を厭わないチームプレーの精度の高さにあるが、それとは別の能力がないとチームは勝てない。過去十年の高校生の一位（巡）指名が甲斐拓哉と後藤駿太の二人だけというのは寂しい。それ以前には内海や新垣の入団拒否があり、指名選手の挫折もあるが、冒険しないと結果がついてこないのは前にも書いた通りである。

B 高校卒を指導するコーチが少ない

一八年のオリックスを見て、福良淳一監督（一八年限りで退団）は仕事を分け合う〝ワークシエアリング〟の思想に取りつかれたのかと思った。打撃成績を見れば規定打席に到達しているのは吉田正尚《まさたか》、ロメロ、安達了一の三人だけ。

他球団は西武、ロッテが各六人、ソフトバンク、日本ハムが各五人、楽天が四人、セ・リーグは中日が七人、広島、ヤクルトが各六人、ＤｅＮＡ、巨人、阪神が各四人の順だ。中日は六年連続Ｂクラスをさまよっているが、野手に関してはある程度メンバーを固定化して戦おうという意思が見え、オリックスより頑張っている印象がある。

九月二十九日のロッテ戦ではキャッチャーの若月健矢が人生で初めて五打数五安打（二打点）の固め打ちをしながら、翌三十日の楽天戦ではスタメンから外れているので驚いた。九回に代打に出てライト前に二点タイムリーを放っているので故障の心配はなさそうだが、次代のレギュラー捕手候補が五安打した翌日、スタメンから外れていいのか首を傾げた。

またオリックスの一八年の打撃成績はホームラン数がリーグ五位の一〇八本。この長打不足を補うためには長距離打者をスタメンに並べなければならないが、その数少ない候補、Ｔ－岡田の試合出場が一〇〇試合に満たない。ホームラン王を獲ったこともあり実績は申し分ない。それが何だか遠慮しているように見える。不思議な球団だ。

　ピッチャーは野手以上に社会人ＯＢが多い。先発組は金子千尋《ちひろ》、山岡泰輔、田嶋大樹、東明《とうめい》大貴、リリーフは吉田一将《かずまさ》、岸田護《まもる》、近藤大亮、比《ひ》嘉《が》幹貴《もとき》、増井浩俊と勢揃いしている。社会人ＯＢ以外では高校卒は西勇輝、山田修義《のぶよし》、山本由伸、大学卒は松葉貴大、澤田圭佑くらいで、本当にこれでいいのかと思ってしまう。

　社会人出身が多いのは、スカウトを成果主義で評価しようとするからだろう。そして、オリックスの社会人出身ピッチャーは好成績が長続きしない。〇六年に希望枠で入団した小松聖（ＪＲ九州）は入団二年目に一五勝三敗で新人王を獲得するが、通算成績は二五勝二六敗だった。一三年二位の東明大貴（富士重工）は入団二年目に一〇勝八敗の好成績を残すが、一六年以降の三年間は二勝一四敗と下降している。一六年一位の山岡泰輔（東京ガス）も一年目より成績が下がっている。

　社会人の指名はチームの伝統として残しながら、高校生の爆発力に懸ける部分があってもいい。そもそもオリックスは監督、コーチも社会人出身が多い。一八年の選手名鑑を見ると、福良淳一監督をはじめ、西村徳文、高山郁夫、藤井康雄、下山真二、弓岡敬二郎、小松聖、三輪隆、辻竜太郎の九人が社会人出身。高校卒は平井正史、風岡尚幸、別府修作、米村理《おさむ》の四人だけだ。

　ソフトバンクは工藤公康監督をはじめ、立花義家、藤本博史、水上善雄、村松有人、小川一夫、久保康生、大道典嘉《おおみちのりよし》、飯田哲也の九人が高校卒。過去十年で十二球団最多の六人の高校生を一位で獲得しているのが納得できる。

日本ハムも吉井理人、中嶋聡、緒方耕一、金子誠、川名慎一、荒木大輔、高橋信二、吉岡雄二、小田智之、飯山裕志と高校卒の指導者が十人並ぶ。ソフトバンク以上に高校卒の活躍が目立つ球団である。こういう部分を見ると高校生を育成し切れないオリックスの地盤の弱さを感じないわけにはいかない。

過去二十年まで広げて戦力になった選手を調べると、高校卒はT－岡田、西勇輝、山本由伸の三人で、大学卒は平野恵一、加藤大輔、平野佳寿、大引啓次、吉田正尚、黒木優太の六人。スケールが大きく安定感もあり、オリックスの主体は大学卒のほうではないかと思ってしまう。しかし、川越英隆、後藤光尊、金子千尋、岸田護、安達了一、山岡泰輔という社会人出身の名前を見ると、やっぱり中心はこっちかなと思う。

現在の布陣でも、福田周平（二塁手・NTT東日本）、西野真弘（内野手・JR東日本）、小田裕也（外野手・日本生命）、小島脩平（内野手・住友金属鹿島）など、社会人出身の野手があちこちにいる。正直、もう少しバランスが取れないかなと思う。新監督には高校卒の後藤駿太（外野手・前橋商）、武田健吾（外野手・自由ケ丘高）、宗《むね》佑磨（外野手・横浜隼人高）の抜擢をお願いしたい。

千葉ロッテマリーンズ

MARINES

井口資仁監督は、平沢、安田、藤原を抜擢して、新時代を築けるか？

創　設	1949年11月26日加盟
本拠地	ZOZOマリンスタジアム
パ・リーグ優勝	5回
日本シリーズ優勝	4回
2018年	59勝81敗3分　第5位

M 十二球団最後の指名選手が二〇〇〇本安打

ドラフトに臨むときの〝勇気指数〟は高校卒と野手の数、と前に書いた。ロッテが過去十年間（〇八～一七年）で一位指名した高校生は二人、野手は五人。高校生は少ないが、野手は巨人と並んで十二球団最多である。

一四年以降の四年間では、中村奨吾（二塁手・早稲田大）、平沢大河《たいが》（遊撃手・仙台育英高）、安田尚憲《ひさのり》（三塁手・履正社高）の三人を指名した。中村は一八年に西川遥輝（日本ハム）と熾烈な盗塁王争いを演じ、平沢は一八年後半、スタメン出場が続いて来季への期待が大きい。

中村、平沢はゆくゆくチャンスメーカーの役割を持たされそうだが、安田は完全なクリーンアップ型だ。一八年終盤に一軍に昇格、十月二日には東浜巨（ソフトバンク）からプロ入り初ホームランを放ち、大物ぶりを発揮している。これらの指名とイメージが重なるのが〇一、〇二年のドラフトである。

〇一年は一巡・喜多隆志（外野手・慶応大）、三巡（二番目の指名）・今江敏晃（三塁手・PL学園）、翌〇二年には一巡・西岡剛（遊撃手・大阪桐蔭高）という高校生野手を前面に押し出した指名を展開。九六年以降の五年間で高校生野手を上位で指名したのが九七年一位の渡辺正人（遊撃手・上宮高）だけだったことを考えると、当時のロッテの覚悟がうかがえる。

西岡の一巡指名を見て、『二〇〇三年版　プロ野球問題だらけの12球団』では八三～九二年の〈前十年〉と、九三～〇二年の〈過去十年〉をくらべてこんなことを書いた。

「大きな違いは上位指名された野手の数。前十年が〈投手十八人：野手二人〉という徹底して偏重ドラフトだったのが、過去十年間では〈投手十一人：野手九人〉というバランス型に改められているのである。こういう変化にゾクゾクしてほしい。フロントが動き出さなければ、こういう大変化は絶対に起こらないのである」

福浦和也が一八年に二〇〇〇安打を達成して思い出したのが一九九三年のロッテのドラフト。社会人出身の左腕、一位加藤高康が通算二勝で終わったのに対して高校卒の二位立川隆史（外野手・拓大紅陵高）、三位大塚明（外野手・別府羽室台高）、六位小野晋吾（投手・御殿場西高）が戦力になり、この年のドラフトで十二球団の最後に指名された七位・福浦が西武三位の松井稼頭央（内野手・PL学園）に次ぐヒットを放っているのである（松井は日米通算二七〇五安打で引退、福浦は一八年まで二〇〇〇安打）。

この九三年は逆指名が制度として導入された年で、世間の評価だけでなく、球界内部でも「大学生&社会人優位」が信じられていた。それが二十五年経つと、状況はこれほどに変化している。ついでなので九三年一位指名選手の通算成績を紹介する（日米合算）。

ダイエー　渡辺秀一　（投手・神奈川大）　二七勝三〇敗

※二位・小久保裕紀　（三塁手・青山学院大）　二〇四一安打

広島　山根雅仁　（投手・岡山南高）　〇勝一敗

ロッテ　加藤高康　（投手・ＮＴＴ東北）　二勝四敗

横浜　河原隆一　（投手・関東学院大）　五勝一一敗

近鉄　酒井弘樹　（投手・国学院大）　二一勝二六敗

阪神　藪《やぶ》　恵壹《けいいち》　（投手・朝日生命）　九一勝一一二敗

オリックス　平井正史　（投手・宇和島東高）　六三勝四三敗四一セーブ

巨人　三野《みの》勝大《かつひろ》　（投手・東北福祉大）　〇勝〇敗

日本ハム　関根裕之　（投手・東北福祉大）　四七勝四五敗

中日　平田　洋　（投手・豊田大谷高）　〇勝一敗

西武　石井　貴　（投手・三菱重工横浜）　六八勝五八敗

ヤクルト　山部　太　（投手・ＮＴＴ四国）　四五勝四五敗

ドラフト一位の全員がピッチャーなのがわかる。そして九人が大学生&社会人。高校生と野手が放って置かれ、振り返って見れば好成績を挙げているのは高校生卒の野手、三位の松井と七位の福浦だった。極端な年だったが、今でも一位の七割はピッチャーで、大学生&社会人が優位を占めているのは確かだ。

私はバランス型なので、高校卒、大学生卒、社会人出身をうまく配分してチームに収めてほしいと思っている。はっきり言って、高校卒は入団するとき契約金などで不利益を被《こうむ》る。どうして実力主義のプロ野球で「高卒、大卒」みたいな一般社会の物差しが通用するのかわからない。

外野手に人がいっぱい、内野手に人がいっぱい

ロッテのドラフトで首を傾げるのが集中的に外野手を指名したと思ったら、次には内野手を集中的に指名するやり方である。たとえば、広島のフロントは昔から縦軸に年齢、横軸にポジションを置いた表を作り、同じポジションに近い年齢が重ならないような配慮がある。しかし、ロッテはそんなことに構わない。

〇九年は外野手の大松尚逸《しょういつ》が七九打点を挙げてクリーンアップの役割を果たし、サブローも三割&二〇本塁打をクリアしている。もう一つのポジションが決まらない中で快足外野手の荻野貴司（トヨタ自動車）を一位指名したのはよくわかる（四位にはNTT東日本の清田育宏を指名）。

そして翌一〇年の一位が伊志嶺翔大（外野手・東海大）だ。一位入札した斎藤佑樹（投手・早稲田大）の外れ一位だから、残っている選手で一番いい選手を指名したという理屈なのだが、ここ

はピッチャーだろう、と強く思った。一二年に四位で指名した加藤翔平（外野手・上武大）も戦力になって、起用する監督の頭を悩ませることになる。

一八年現在の外野手の年齢も紹介しよう。加藤翔平二十七歳、伊志嶺翔大三十歳、角中勝也三十一歳、清田育宏三十二歳、荻野貴司三十三歳……。加藤以外は近すぎる。せめて高校生を指名すれば四歳以上の差がつくのだが、全員が大学生&社会人だった。

不足気味だった内野手の指名は一一年に鈴木大地（三塁手・東洋大）を三位で指名するあたりから熱心になる。一三年の三位で三木亮（内野手・上武大）、一四年の一位で中村奨吾（二塁手・早稲田大）、一五年の一位で平沢大河（遊撃手・仙台育英高）、一七年の一位で安田尚憲（三塁手・履正社高）、同年二位で藤岡裕大（遊撃手・トヨタ自動車）……。

ここで救いなのは平沢、安田が高校卒だったこと。年齢を見ると、安田十九歳、平沢二十一歳、藤岡二十五歳、中村二十六歳、三木二十七歳、鈴木二十九歳……。安田と平沢がいなければ二十五～二十九歳の間に四人が固まっていた。今年の外野陣を見れば、角中以外の衰えが顕著なのがわかる。三十を越えればやっぱり衰えがくるのである。同世代が近いポジションに固まる弊害はロッテを見るとよくわかる。

全体の指名を見れば、ロッテは高校卒がよく働いている。それでいてドラフトでは高校生より大学生&社会人を上位で指名することが多い、というより全体的に高校卒が少ない。〇八年以降の過去十年では育成ドラフトを除いて五十七人を指名して、そのうち高校生は十四人だけ。残る四十三人が大学生&社会人である（大学生二十人、社会人二十三人）。

たった十四人でも高校生は頑張っている。田村龍弘（捕手・光星学院高）、二木《ふたき》康太（投手・鹿児島情報高）が主力になり、岩下大輝《だいき》（投手・星稜高）、香月《かつき》一也（三塁手・大阪桐蔭高）、成田翔《かける》（投手・秋田商高）、種市篤暉《あつき》（投手・八戸工大一高）、平沢、安田が若手有望株として控え、江村直也（捕手・大阪桐蔭高）も一八年には三五試合に出場している。

ロッテが高校生を指名しないのはオリックスのところでも書いた「成果主義」があるからだろう。たとえば、二〇〇〇安打を達成した福浦が一軍の試合に出場したのはプロ入り四年目の九七年である。成果を判定するフロントは評価をここまで待ってくれるのだろうか。細谷圭（内野手・太田市立商高）の場合はどうだろう。〇五年の高校生ドラフト四巡で入団。一軍戦の初出場は〇八年で、シーズン一〇〇安打を超えたのは一六年だ。担当スカウトは残っていただろうか。そもそも、細谷は成果主義に引っ掛かる選手という認識がフロントにあるだろうか。私はチームに貢献していると思っている。

はっきり言って、成果主義はプロ野球に合わないと思う。結果ばかり気にして指名が委縮する、つまりスカウトは即戦力ばかり追いたがる。話をするとほとんどのスカウトは高校生に魅力を感じている。そういう冒険心をフロントはよくわかっていない。

M スカウトが指名して楽しいドラフト？

プロ入りを拒否した選手がロッテには多く、それが高校生を避ける遠因にあるのかもしれない。第十六回ドラフト（八〇年）に初めて指名選手が全員入団するが、それまでに拒否した選手は四十八人。七〇年などは一位の樋江井忠臣をはじめ九人中六人に拒否され、七六年は一、二位の森繁和、前川善裕に拒否されている。島谷金二（六七年三位を拒否）以降、ロッテ入団を拒否して他球団で好成績を挙げたのは、藤沢公也（六九年三位）、石毛宏典（七四年六位）、川口和久（七七年六位）、長冨浩志（八三年三位）、小池秀郎（九〇年一位）、長野《ちょうの》久義（〇八年二位）など、多彩な顔ぶれ。

これら四十八人の拒否者のうち半分以上の二十五人が高校生だった。藤沢、石毛、川口も指名されたときは高校生だった。拒否されたことが「高校生を多く指名しない」伝統になっているのだとしたら球団にとっても高校生にとっても不幸なことである。

批判モードになってしまったが、現在のロッテは悪くない。過去二年、六位→五位のチームをつかまえて「悪くない」とは言いづらいが、いい選手が多いのだ。

一八年六月二十九日、ロッテ浦和球場で行われた四国アイランドリーグ選抜との交流戦では、一回裏に一番の新人・和田康士朗が柳田悠岐（ソフトバンク）を彷彿とさせる逆方向へのホームランを放つのだが、和田は埼玉の小川高校に在学中、野球部ではなく陸上部に在籍していた。野球は地元のクラブチーム、都幾川《ときがわ》倶楽部でやっていたという変わり種。野球部を経ていないプロ野球選手っていただろうか。すぐには思い浮かばない。

ピッチャーは唐川侑己《ゆうき》、成田、岩下、山本大貴《だいき》（新人）、安江嘉純《よしずみ》、関谷亮太、東條大樹が登板、この中で岩下と山本のストレートの速さに魅力を感じた。現在のプロ野球では変化球にキレやコントロールがないと通用しないが、変化球のキレを引き立てるのがストレートである。ロッテの主力投手、石川歩、涌井秀章、内竜也のストレートからは、以前のような速さが感じられない。そういう新旧交代期に岩下、山本が登場しているのである。

取材記者や関係者が観戦できるロッテ浦和球場のバックネット裏の施設で、広報の方に「岩下は速いですね（この日の最速は一四九キロ）」と言うと、「先日、一五〇キロを超えています」と言い、さらに「種市《たねいち》も一五〇、超えましたから」と続けた。

悪い投球フォームでストレートが速くても感動しないが、岩下はフォームに悪いクセが見当らず、低めのストレートも伸びる。こういう選手がもう一人いると言われ、俄然ロッテの若手投手陣に興味が湧いた。

それから二週間後の七月十二日、青森県弘前市のはるか夢球場で行われたフレッシュオールスターでイースタンリーグ選抜の先発で種市が登板した。一、二番に連続ヒットを打たれるが、三、四番を併殺打、空振りの三振に取り、ピンチを切り抜ける。この間に表示されたストレートの最速は一五三キロ。広報の方が言っていたことは本当だったのだ。さらに岩下が六番手で登板し、ストレートの最速は一五一キロ。一イニングずつ交代していくので、ストレート中心の配球にならざるを得ないが、可能性は強く感じた。

岩下は三位、種市は六位なので、下位指名で活躍すればそれで十分と思う人がいる。私はそう思わない。近年ではソフトバンクが一三年に森唯斗（投手・三菱自動車倉敷オーシャンズ）を二位指名したが、森はドラフト当日スポーツ紙の「ドラフト候補」の一覧表にも名前が載っていなかった選手。それが二位という上位で指名され、新人年から一八年まで、五年連続で五〇試合以上に登板し、一八年には初の最多セーブに選出されている。スカウトにとってはこういう選手の存在が最も嬉しいはずだ。ひょっとしたら五、六位で指名できたかもしれない選手を二位で指名し、それがチームの主力となって五年活躍する。ロッテのスカウトにもそれを期待したい。

三位、六位で獲った選手が活躍しても、偉いのは選手である。森のような選手は、選手とともにスカウトが称賛される。ロッテでそういう選手はいただろうか。上位ではないが、七八年三位の落合博満（内野手・東芝府中）がそれに近いかもしれない。それならもう四十年間、ロッテからはスカウトにも喜びをもたらす指名が行われていないことになる。そこそこ前評判の高い大学生&社会人を獲得してチームは下位にいることが多い。それってあんまり楽しくない。

東北楽天ゴールデンイーグルス

EAGLES

田中将大が二〇一三年に初優勝へ導いた。次の大物に向かうべきだ。

創　設	2004年11月2日加盟
本拠地	楽天生命パーク宮城
パ・リーグ優勝	1回
日本シリーズ優勝	1回
2018年	58勝82敗3分　第6位

E 近鉄の〝型落ち〟を集めて

二〇一八年六月十六日、梨田昌孝監督が辞任した。この時点での成績は二一勝四一敗で、借金は二〇。監督代行にヘッドコーチの平石洋介が就き、シーズン終了まで三七勝四一敗、勝率・四七四でしのぎ、シーズン終了間際、監督に就任することが決まった。ＰＬ学園卒業の監督は尾花高夫（横浜ベイスターズ）に次いで二人目。

一九九八年夏の甲子園大会準々決勝、ＰＬ学園対横浜高戦は歴史に残る延長一七回の接戦を繰り広げたが、このとき横浜の怪物右腕、松坂大輔（中日）を苦しめたのが三塁ベースコーチャー、平石のサイン盗み。キャッチャー、小山良男の捕球体勢で投げるボールがストレートか変化球か予想し、バッターへの掛け声を使い分けて知らせたのである。ちなみに、このサイン盗みは現在禁止されている。

ベースコーチャー時代の才能は監督の適性を思わせるが、心配は楽天フロントトップの辛抱のなさである。球団創設から十四年が経ち、就任した監督は一八年までに六人を数える。そのうち田尾安志、ブラウン、大久保博元が最下位の責任を取って一年で辞任しているのを見ると、フロントが長期的な視野を持って球団を運営しているとは思えなくなる。

球団創設時から確固たるビジョンが見えない球団だった。消滅した近鉄のレギュラークラスは合併球団の名を借りてオリックスが独占し、新しく参入した楽天にはかつての主力とかファームの古参といった選手しか入ってこなかった。それならば初期のドラフトは将来性を睨んだ高校生主体でなければならないはずだ。

ここで視点を一八年シーズン終了間際に移したい。各球団は戦力外&引退選手を続々発表しているが、そういう選手でチームを構成すると次のようになる。

[捕] 金澤岳《たけし》（ロッテ）、網谷圭将《けいしょう》（DeNA）、細川亨（楽天）
[一] 新井貴浩（広島）、大松尚逸（ヤクルト）、白根尚貴（DeNA）
[二] 本多雄一（ソフトバンク）、田中浩康（DeNA）、根元俊一（ロッテ）
[三] 小谷野栄一（オリックス）、脇谷亮太（巨人）
[遊] 寺内崇幸《たかゆき》（巨人）、西岡剛（阪神）
[外] 岡田幸文（ロッテ）、荒波翔（DeNA）、吉村裕基（ソフトバンク）
野本圭（中日）、矢野謙次（日本ハム）、坂田遼（西武）
松井稼頭央《かずお》（西武）、天谷《あまや》宗一郎（広島）、肘井竜蔵《ひじいりゅうぞう》（ロッテ）
[投] 大隣《おおとなり》憲司（ロッテ）、由規（佐藤由規、ヤクルト）、成瀬善久（ヤクルト）
久古《きゅうこ》健太郎（ヤクルト）、若松駿太（中日）、小山雄輝（楽天）

杉内俊哉（巨人）、西村健太朗（巨人）、石井裕也（日本ハム）

悪いメンバーではないが全盛期は過ぎている選手たちである。もちろん、ほとんどがベテラン。ここで再び二〇〇四年オフに視点を戻そう。消滅した近鉄から楽天にもたらされた選手は髙村祐、小池秀郎たち投手陣、藤井彰人、吉岡雄二、礒部公一たち野手陣というベテランばかり。なぜか岩隈久志、福盛和男、高須洋介という現役感覚たっぷりの選手もいたが少数である。こういう〝型落ち〟した選手を主体に将来の青写真を描くのは不可能である。初代監督に就任した田尾安志は気の毒というほかない。

これを理解して、楽天として初めて臨んだ〇四年のドラフトを振り返ってみたい。指名した六人はすべてが大学生&社会人で高校生はゼロ。スカイAの中継ブースの中で私は黙っているわけにはいかないので忙しく話をしていたが、この球団に上がり目はないと思ったのは確かである。ところが、即戦力にしか目が行っていない球団に、高校生を指名しないといけない制度が待ち構えていた。〇五年から三年間続いた分離ドラフトである。これが楽天の救いになった。

E 一三年の初優勝に貢献したのは?

分離ドラフト一年目の〇五年、高校生ドラフトで三人、大学生&社会人ドラフトで八人を指名した。依然として即戦力狙いである。この中で成功選手になるのは大学生&社会人ドラフト三巡・青山浩二（投手・八戸大）、同八巡・草野大輔（三塁手・ホンダ熊本）と高校生ドラフト三巡・宇部銀次（銀次、捕手・盛岡中央高）の三人。銀次以外の高校生では一巡の片山博視《ひろし》（投手・報徳学園高）、四巡の枡田慎太郎（内野手・智弁学園高）も戦力になっている。

○六年の分離ドラフトでは高校生ドラフト一巡で入札した田中将大《まさひろ》（投手・駒大苫小牧高）に横浜、オリックス、日本ハムも競合して、抽選で楽天が当たりクジを引き当てた。高校生ドラフトで二人しか指名していないのを見ると、もし分離ドラフトでなければ一巡指名は大学生&社会人の即戦力候補になっていたと予想できる。

大学生&社会人ドラフトでは一巡・永井怜《さとし》（投手・東洋大）、三巡・嶋基宏（捕手・国学院大）、五巡・渡辺直人（内野手・三菱ふそう川崎）を獲得、いずれもその後の主力になっている。

○七年は大学生&社会人ドラフト四巡の聖澤諒《ひじりさわ》（外野手・国学院大）が成功選手になった以外は高校生も大学生&社会人も戦力になっていない。

こうして分離ドラフトを振り返ると、この三年間がなかったら一三年の初優勝（日本一）はなかったと言っていい。銀次、枡田、嶋、聖澤がレギュラーとして活躍をし、投手はエースとなった田中が二四勝〇敗という史上空前の大記録を打ち立てた。田中の完投数は八で意外と少なく、新人王の則本昂大も一五勝八敗を挙げながら三完投。当然、リリーフ陣の頑張りが必要だった。

青山が抑え、中継ぎ役で六〇試合に登板して一一セーブ、一七ホールド、片山は左腕の中継ぎとして三一試合に登板、金刃憲人（かねと・のりひと）とともに左殺しに貢献した。分離ドラフトで獲得した選手名があちこちで出てくる。

ところが、統一ドラフトになった〇八年以降、楽天の一位指名は即戦力狙いになる。元に戻ったのである。一二年までの五年間、一位の四人は大学生と社会人ばかりで、すべてピッチャー、二位は三人がピッチャーで、そのうち高校生は一人だけだ。塩見貴洋、美馬《みま》学、則本昂大がここに入る。この中で注目したのが〇八、〇九年の二位で指名した高校生野手。

E 力が同等なら高校生を獲れ!

〇八年二位・中川大志《たいし》（三塁手・愛知桜丘高）は一八年にDeNAに移籍し、〇九年二位・西田哲朗（遊撃手・関大一高）は同じく一八年にソフトバンクに移籍している。活躍はいまいちだが、この二人の上位指名が楽天のスカウティングに勇気を与えたと言っていい。

一七年は規定打席到達にペゲーロ、ウィーラー、アマダーが入り、シーズン中のクリーンアップもこの三人が務めることが多く、はっきり言ってシラケた。しかし、一八年はシーズン後半に内田靖人がホームランを量産し、オコエ瑠偉《るい》もスタメン出場数が増え、チームの将来像が徐々に描けるようになってきた。

捕手・嶋（山下斐紹、堀内謙伍）、一塁・銀次、二塁・山﨑剛（西巻賢二）、三塁・内田、遊撃・茂木栄五郎（村林一輝）、外野・オコエ、田中和基、島内宏明（岡島豪郎《たけろう》、岩見雅紀《まさき》）。

この布陣なら高校卒が銀次、内田、オコエ、大学卒が嶋、茂木、田中、島内と揃い、さらに二塁のポジションを山﨑と西巻が争えば理想的なバランスを構成する。ついでに言えば、東京六大学の茂木、田中、島内に東都大学の嶋、山﨑も好バランスである。

東京六大学リーグの指名に熱心なのは日本ハムと双璧。茂木、田中、島内以外でも、戸村健次、高梨雄平、岩見がいる。プロ野球へ進む人数や活躍度では東都大学リーグ卒に差をつけられているが、日本ハムと楽天のスカウトが注目しているのは眠っている才能の量。ロッテの中村奨吾、一八年シーズン後半、育成ドラフトで入団した新人の大竹耕太郎（ソフトバンク）の活躍を見てそう思い始めた。

好素質の集積地として関甲新大学リーグや東北の仙台六大学リーグ、北東北大学リーグに注目が集まっているが、伏兵は東京六大学リーグかもしれない。

一二年以降の楽天のドラフトに戻ろう。高校生は一三年一位の松井裕樹（投手・桐光学園高）、同年二位の内田靖人（三塁手・常総学院高）、一四年一位の安樂《あんらく》智大（投手・済美《さいび》高）、一五年一位のオコエ瑠偉（外野手・関東一高）、一六年一位の藤平尚真《しょうま》（投手・横浜高）、一七年六位の西巻賢二（遊撃手・仙台育英高）が並び、松井以外は依然として成功／失敗の目がどちらに出るかわからない状態が続いているが、覚悟を持って指名に臨んでいることがこれらの選手を見るとよくわかる。

「力が同等なら高校生を優先して獲る」とは、安部井《あべい》寛チーム統轄本部長を取材したときに聞いた言葉である。プロ野球の球団は数年間の平均値を取って上位か下位かはっきり出る。楽天はこまでオリックス、ロッテとともに下位グループにいるが、五年くらいの近い将来を見据えて強豪の座をうかがっていることがよくわかる。

過去五年間に獲得した大学生&社会人もいい。一二年二位の則本昂大（投手・三重中京大）はこの年の大学選手権を見て上位指名は間違いないと思った。しかし、その予感はあまりにも穏やか過ぎた。新人年に一五勝八敗で新人王を獲得し、二年目の一四年～一八年まで五年連続で最多奪三振に輝いている。

一七年から三年契約を結んでいるので一九年まではメジャー挑戦はなさそうだが、一九年に通算九〇勝を挙げると、ダルビッシュ有の九三勝三八敗、田中将大の九九勝三五敗と並ぶ「九〇勝超え」になり、ポスティングシステムを利用してのメジャー移籍が現実的になってくる。

則本がいなくなったときの準備は怠っていない。一三年には松井を一位入札で勝ち取り、ジャパン代表に選出されるほどのリリーフ投手に育て上げ、一八年九月二十七日、十月四日には先発で起用して、五回以上を任せている（一勝一敗）。ポスト則本を睨んだ役割変更と言っていい。

一四年以降も安樂、藤平という大物にアタックして、獲得している。高校卒はゼロか百かというハイリスクハイリターンの株式投資のようだが、このリスク（危険性）を冒さないとダルビッシュや田中のような大エースを擁することは望めない。

楽天の本拠地は宮城県仙台市である。二〇一一年三月十一日に発生した東日本大震災で最も死者が多かったのが宮城県の約一万人で、二番目に多かった岩手県の二倍と言われる。この年のパ・リーグの開幕ゲームは一八日遅れの四月十二日に開幕され、それより十日前の四月二日、「プロ野球十二球団チャリティーマッチ　東日本大震災復興支援試合」が全国各地で行われ、楽天の嶋基宏捕手は試合会場の札幌ドームで次のようなスピーチを残した。

見せましょう、野球の底力を。
見せましょう、野球選手の底力を。
見せましょう、野球ファンの底力を。
共に頑張ろう東北！　支え合おうニッポン！

楽天はこれより二年後の一三年、エース田中将大が二四勝〇敗という不滅の記録を打ち立て、球団創立九年目にしてリーグ初優勝を遂げ、日本シリーズでも巨人を打倒して日本一になった。

この瞬間、楽天は巨人や阪神とも異なる特別な球団になった。未曾有の被害を受けた被災地に本拠地を置く球団が野球で勝つことによって被災者に勇気を与えたのである。

震災が発生してから六日後の一一年三月十七日、日刊スポーツに金本知憲・阪神外野手（当時）は八百字を超えるメッセージを発表し、そこには「野球どころじゃない。批判されるかもしれないけど、僕個人としては、そういう気持ち」と書かれていた。しかし、一三年の楽天の優勝を見て感じたのは、地元の仙台で勝つことの意義である。他の地区を本拠地とする球団とは異なる使命感がなければおかしい。そういう覚悟が、くどいようだが、今の球団首脳部から感じられない。

安部井氏の「ピッチャーは高卒のほうが、しっかり育成する仕組みができていれば長く活躍できる」は、この二年間、逆のほうを向いていたような気がする。

一九年は前にも書いた佐々木朗希（大船渡高）という怪物右腕がいるので是非獲得に向かってほしいが、Aクラスで満足する球団ならはっきり言って必要ない人材である。ファンにカタルシス（魂の浄化）を与えるような球団、それが楽天のめざす道である。

広島東洋カープ

CARP

鈴木誠也が大黒柱に育つ。ドラフトの成功で二度目の黄金時代へ！

創　設	1949年12月5日創立
本拠地	MAZDA Zoom-Zoom スタジアム広島
セ・リーグ優勝	9回
日本シリーズ優勝	3回
2018年	82勝59敗2分　第1位

C 広島の走る野球は、長嶋監督の理想

一九六二（昭和三十七）年に日本一になった東映フライヤーズが、私がファンになった最初の球団だ。尾崎行雄投手のルーキー年で、私は土橋正幸投手のファンだった。土橋の背番号21をスポーツ用品店で買い、それを母親にシャツに縫い付けてもらって近くの空き地で野球をしていた。野手は張本勲や書いた毒島《ぶすじま》章一が好きで、大杉勝男はまだ入団していなかった。十歳の頃の思い出だが、最近のことのようによく覚えている。

次に好きになったのが六八年に球団史上初めてAクラス（三位）に入った広島カープ。根本睦《りく》夫《お》監督の初年度で、〝ミスター赤ヘル〟の異名を取る山本浩二が入団する一年前のことだ。広島の魅力について書いた文章が週刊ベースボールの読者欄に初めて掲載され、数日後にクラシックカーの絵柄のついた小銭入れ二つが送られてきた。左右から力を入れると真ん中の部分がパカッと開く式の小銭入れで、ネットで調べてもそういうタイプの小銭入れは、今は売られていない。ああ、自分で書いていても懐かしい。

衣笠祥雄《さちお》はまだ二十一歳だった。毎シーズンのように長嶋茂雄や近藤和彦（大洋）たちとともに打撃十傑に名をつらねていた山本一義が四番を打ち、苑田《そのだ》聡彦（現・スカウト統括部長）もまだ二十三歳で、一軍に定着したばかりの頃の話だ。

ピッチャーは安仁屋《あにや》宗八と外木場《そとこば》義郎が揃って二〇勝以上挙げ、日大一高時代に早稲田実業の王貞治とライバル関係にあった左腕の大羽《おおば》進も記憶に残っている。王が一本足になると大羽も始動のとき上げた右足をそのままの状態で静止し、王のバランスを狂わせようとしていた。あれは完全なボークだと思うが、私の記憶違いだろうか。金田正一（国鉄）の空中に放り上げるような超スローボールとか、昔のプロ野球は未整備だったからこそ面白い芸がそこいらじゅうにあった。

東映を好きになったのは野球を憶えた頃の日本一球団という単純な理由からで、言ってみればミーハーである。しかし、広島は高校一年のときの贔屓《ひいき》球団だから、好きには理由がある。ずっと弱かった球団が三位になったから、あるいは巨人みたいに強すぎないから、というのも理由の一つだ。

七五年に初優勝したときは本当に嬉しかった。優勝が決まった場所が史上初の最下位になった巨人の本拠地、後楽園球場で、どういう場面か忘れたが観客席から三番を打つホプキンスへのコールが鳴りやまなかった。翌日のスポーツ紙には就任一年目の長嶋茂雄巨人監督の、「やりたいのは塁上を縦横無尽に走る広島の野球」というコメントが紹介され、敵でもきちんと評価する長嶋監督のことが好きになった。

この七五年から山本浩二監督で優勝した九一年までの十七年間、リーグ優勝六回、日本一三回を数えた広島は黄金時代の座にいたと言っていい。

それから九七年まではＡクラスにいることは多かったが、本当の強さはなくなっていた。ドラフトの効果が現れるのは十年後、と前に書いた。広島が暗黒時代に入るのが九八年だから、その十年前、八九年のドラフトから見ていけば弱くなった理由が見えてくると思う。三連覇した今から考えれば信じられないが、九八年から一二年までの十五年間、広島はＢクラスの底でのたうち回っていた。

暗黒時代を招いた九〇年代のドラフト

一九八九年のドラフトは華やかだった。一位で佐々岡真司（投手・ＮＴＴ中国）を単独指名し、四位前田智徳（外野手・熊本工高）、六位浅井樹《いつき》（外野手・富山商高）と三人の成功選手を出し、一人ひとりの印象が強い。さかのぼれば、八八年の野村謙二郎（駒沢大・遊撃手）、江藤智《あきら》（捕手・関東高）、八六年の緒方孝市（内野手・鳥栖高）、八五年の長冨浩志《ながどみこうじ》（投手・ＮＴＴ関東）、八四年の正田耕三（遊撃手・新日鉄広畑）……等々、毎年のように主力になっていく選手を指名していた。強かった理由がよくわかる。

その勢いが九〇年以降、パタリと止んだ。成功選手の名前を紹介するので、八四〜八八年の顔ぶれとくらべてほしい。

金本知憲《ともあき》（外野手・東北福祉大）、菊地原毅（投手・相武台高）、福地寿樹（内野手・杵島商高）、山内泰幸（投手・日本体育大）、嶋重宣《しげのぶ》（外野手・東北高）、高橋建（投手・トヨタ自動車）、横山竜士（投手・福井商高）、玉木重雄（投手・三菱自動車川崎）、黒田博樹（投手・専修大）、東出輝裕（内野手・敦賀気比高）、新井貴浩（内野手・駒沢大）、栗原健太（内野手・日大山形高）。

金本、黒田、新井は球史に名前を残したが、全体的に見れば中心選手というより、脇役タイプが多い。金本、黒田、新井が球団を去れば、残されるのはその脇役タイプである。ドラフトの失敗とFA制度のダブルショックで広島は暗黒時代への階段を転がり落ちていく。

主力選手の流出はFA制度が導入された九三年以降、活発化する。九五年・川口和久（巨人）、九七年・チェコ（レッドソックス）、九八年・ロペス（ダイエー）、九九年・ソリアーノ（ヤンキース）、二〇〇〇年・江藤智（巨人）、〇一年・ミンチー（ロッテ）、〇三年・金本知憲（阪神）、〇五年・シーツ（阪神）、〇八年・黒田博樹（ドジャース）、新井貴浩（阪神）、〇九年・高橋建（ブルージェイズ）。

FA制度を活用して巨人と阪神に移籍する選手が目立つのと同時に、外国人の流出も多い。ファンもマスコミも巨人と阪神を悪者にして、広島は選手を略奪される可哀想な被害者、という図式でFA制度の弊害を説き、外国人の契約方法を改めるべきだと言ったが、パ・リーグ各球団も広島と同じように、主力の流出に見舞われていた。

西武は工藤公康、石毛宏典、清原和博、豊田清、和田一浩、細川亨、松坂大輔、帆足和幸、片

岡易之《やすゆき》（治大）、涌井秀章、中島裕之、岸孝之、野上亮磨、牧田和久……等々、日本ハムは河野博文、小笠原道大、藤井秀悟、森本稀哲、ダルビッシュ有、大引《おおびき》啓次、小谷野栄一、陽岱鋼、増井浩俊、大野奨太、大谷翔平……等々。

広島より多くの選手が流出しているのがわかるが、ファンやマスコミはヒステリックに嘆かなかった。弱くならなかったどころか、強くなっていったからだ。広島はファンやマスコミに愛されすぎていた。もっと辛辣に言えば甘やかされていた。

こういう事態を生んだのは準備不足。西武は松井稼頭央の流出に備えて中島裕之、片岡易之に備えて浅村栄斗を用意し、一八年は野上亮磨と牧田和久の主戦投手が流出したがプロ三年目の多和田真三郎が最多勝を獲得してリーグ優勝を強力に後押しした。

日本ハムはもっと凄い。昨年五位だったチームからマーティン、増井浩俊、大谷翔平、大野奨太が抜けて三位に上昇したのだ。ピッチャーは上沢直之、石川直也、村田透が昨年を大きく上回る活躍をし、野手は中田翔が六七打点から五割アップの一〇六打点を記録してチームを牽引し、大型新人の清宮幸太郎が七本のホームランを放ってムードメーカーの役割を果たした。こういう反発力が当時の広島にはなかった。悪いのは自分でなく、主力をさらっていった巨人や阪神。そういう〝恨〟の感情が暗黒時代の背景に渦巻いていた。

主力がアラサー世代に固まっている

広島のドラフトを語る上で欠かせないのは〝カープオリジナル〟の年表だ。縦軸に選手の年齢、横軸にポジションを配置した表で、当てはまる箇所に選手名を書き入れていけば一目瞭然でどのポジションが手薄かわかる。

ピッチャーは十九〜二十三歳の若手に中村祐太、塹江《ほりえ》敦哉、高橋樹也《みきや》、高橋昂也《こうや》、アドゥワ誠、長井良太がいて、二十四〜二十九歳の中堅に野村祐輔、中田廉《れん》、大瀬良大地、今村猛、九里亜蓮《くりあれん》、一岡竜司、薮田和樹、中﨑翔太、岡田明丈、フランスアがいて、三十歳以上のベテランに外国人のジョンソン、ジャクソン、さらに永川勝浩、福井優也という日本人選手がいた。

若手は高橋昂、アドゥワの成長が著しく、フレッシュオールスターで見た長井の一五〇キロを超える快速球も将来の抑え候補と言ってもいい。この三人が一位指名でないのが不満と言えば不満だが、技術的な育成力よりも早い抜擢で旬を逃さないという姿勢のほうに頼もしさを感じる。

三人の中で特筆すべきはアドゥワだ。一年目はファームの試合に九試合登板して〇勝二敗、防御率一〇・三六、与四死球率六・二九、ボーク二個という悲惨な成績だった。それが二年目の一八年はリリーフ投手として五三試合に登板して六勝二敗、防御率三・七四という成績を残している。一六年のドラフト五位という順位は高校時代の低い評価を物語っているが、その低評価の高校卒がプロ二年目に一軍に定着して六勝しているのである。

野手は三十歳以上の主力が會澤《あいざわ》翼（三十歳）と松山竜平（三十三歳）しかいない。丸佳浩、田中広輔、安部友裕が二十九歳、菊池涼介が二十八歳という中堅世代で、安部を脅かす存在に二十四歳の西川龍馬が成長している。これより若い年代に鈴木誠也（二十四歳）がいて、一八年に一一六安打を放った野間峻祥《たかよし》も二十五歳という若さだ。中堅世代に主力が集まる布陣は三年先の明るい未来を約束しているようである。

怖さもある。二十八、九歳の〝アラサー〟世代に主力が集中しすぎているのだ。ロッテの外野陣のところで、戦力になった時期が近い選手は力が衰えるときも近い、と書いた。それが広島の一～三番（田中、菊池、丸）にも当てはまりそうで怖い。

上位指名選手が期待を裏切らない

現在の強い広島を支えているのは、ドラフト上位指名選手の活躍である。一、二位の指名にはフロントの「こういうチームを作るんだ」という意思が強く反映する。三位以下ははっきり言えば成り行きである。〇四年以前の十年間はこの上位指名選手の成功率が低かった。それはフロントの迷いでもあった。

黒田博樹（九六年二位）、東出輝裕（九八年一位）、大竹寛（〇一年一巡）、永川勝浩（〇二年自由

枠）――投手は三〇〇試合登板、五〇勝（一セーブ、一ホールドは〇・五勝）、野手は一〇〇〇試合出場、五〇〇安打、この大して高くないハードルを超えたのがたったの四人。それに対して、分離ドラフトが始まった〇五年以降は梵英心《そよぎえいしん》、前田健太、今村猛、野村祐輔、菊池涼介、大瀬良大地、鈴木誠也の七人を数え、安部友裕、九里亜蓮、野間峻祥、薮田和樹、岡田明丈なども成功選手の道を歩んでいる。

この中から前田がドジャース移籍で一六年にチームを離れた。暗黒時代のカープならエースの流出は大きな痛手だが、一六年は前年の四位から躍進して二十五年ぶりのリーグ優勝を果たした。翌一七年には一六年に一〇勝している黒田が引退してチーム力の低下が懸念されたが二連覇している。二年続けて前田、黒田が抜けてもチームはびくともしなかったのである。

一八年オフにはFA権を獲得した主砲、丸の他球団移籍が噂されているが、坂倉将吾、中村奨成のうち次代のキャッチャーの座を譲ったほうが内、外野にコンバートすることが既定路線で、野間、西川、一八年にファームで一〇本ホームランを打っている髙橋大樹も控えているので、それほどチーム力は低下しないだろう。

そもそも、昔のような主力選手のFA移籍が今後も当たり前のように続くとは思えない。二〇〇九年に広島市民球場から現在のMAZDA　Zoom-Zoomスタジアム広島（以下マツダスタジアム）に移転したとたん観客動員は前年の一三九万六八〇人から一八七万三〇四六人に増え、一〇～一三年は一五〇～一六〇万人前後を推移し、一四年には一九〇万人を超え、四位だった一五年に球団史上初めて二〇〇万人を超える二一一万二六六人、優勝した一六年が二一五万人台、二連覇した一七年が二一七万人台、そして三連覇した一八年が史上最多の二二三万二一〇〇人を記録するのである。

かつて金本知憲はFA権を取得したとき再契約金（他球団にFA移籍した場合は旧年俸の半額が上限）を「百万円でいいから払ってほしい」と要求する。金銭欲ではない。プライドが言わせた言葉である。しかし、再契約金が前例となることを恐れたフロントはこれを拒否し、〇二年オフに金本はチームを離れた。

昔、広島の広報の人から「うちは年間一〇〇万人の観客動員があれば黒字になる」と聞かされたことがある。今はそれどころじゃない。その二倍以上の観客がマツダスタジアムに押し寄せている。阪神戦の甲子園球場、ヤクルト戦の神宮球場であってもカープファンが敵地のスタンドを真っ赤に染める風景は球界の風物詩になっている。

広島のエースや主砲がプライドを求めてメジャーリーグに挑戦するのは今後も変わらないが、進んで他球団に移籍するのは考えづらい時代になった。広島カープのユニフォームに身を包むこと、それが現在のプロ野球界のプライドになっている。そう考えると〝セ・リーグ一強時代〟はしばらく続くように思えるのである。

東京ヤクルトスワローズ

SWALLOWS

山田哲人が二〇一五年の優勝に貢献。外れ一位が幸運を呼んでいる。

創　設	1950年1月12日加盟
本拠地	明治神宮野球場
セ・リーグ優勝	7回
日本シリーズ優勝	5回
2018年	75勝66敗2分　第2位

S 野村監督就任以降、三年連続Bクラスなし

広岡達朗が監督に就任した一九七七年に球団史上三回目のAクラス（二位）に入り、翌七八年に初優勝、日本一になった。広岡体制で強豪球団になるのかと思ったが、翌七九年にはコーチの処遇を巡ってフロントと対立、シーズン途中に辞任してしまった。

広岡監督のあとを継いだ武上四郎監督で八〇年は二位になる。ちなみに、このときの優勝が広島だった。両球団がともに強かった時代が重なっていないため「一位広島、二位ヤクルト」は二〇一八年が史上二度目になる。逆の「一位ヤクルト、二位広島」も九五年の一回きり。私が野球を見はじめた一九六〇年代は両球団が弱かったので、どちらが上でも両球団が上位で並んでいるのを見ると感慨深いものがある。

八一～八九年の九年連続Bクラスを経て、九〇年には野村克也が監督に就任した。ユニフォームに袖を通すのは南海時代の七七年以来、十三年ぶりである。評論家時代、西武の広岡監督に取材する映像を見たことがあるが、広岡の対応が非常に冷淡で、野村が可哀想に思えたことがある。

そのためだろうか、監督をしているときの野村はマスコミに友好的だった。もちろん、自分が有利になるような情報をマスコミに流す目的のリップサービスだったことは間違いないが、それでも野村は楽しそうで、マスコミの人間も楽しそうだった。私も雑誌の取材でホテルの一室を借

りて三時間くらい野村さんから話を聞いたことがあるが、いつまで聞いても飽きることがなかった。

監督に就任したとき、「一年目には種をまき、二年目には水をやり、三年目に実をむすぶ」と宣言し、その言葉通り一年目の九〇年が五位、九一年が三位、九二年がリーグ優勝と着実にステップアップする。監督はたいていが大ぼら吹きで、宣言した通りの結果にはならないし、優れた監督は普通こういう類の宣言はしない。野村は非常に珍しいタイプの野球人と言えるだろう。

野村監督の優れたところは監督をやめてもヤクルトが長期低迷をしなかったところだ。九九年に監督を若松勉が継いでから一八年までの二十年間、ヤクルトは三年続けてBクラスに沈んだことがない。同時期、他球団は、広島十五年、DeNA十年、中日六年、阪神十年（野村時代に三年連続最下位）というBクラス低迷時期を経験しているが、三年連続がないのは巨人とヤクルトだけである。

資金力がたっぷりある球団ではない。主力選手が他球団に流出するのは広島以上だった。野村監督時代から見ても、九五年・広沢克己（巨人）から始まって、同年のハウエル（巨人）、〇三年・ペタジーニ（巨人）、〇四年・高津臣吾《しんご》（ホワイトソックス）、〇五年・稲葉篤紀（日本ハム）、〇七年・岩村明憲（デビルレイズ）、〇八年・ラミレス（巨人）、グライシンガー（巨人）、石井一久（西武）、藤井秀悟（日本ハム）、一〇年・五十嵐亮太（メッツ）、一二年・青木宣親《のりちか》（ブリュワーズ）、一三年・林昌勇《イムチャンヨン》（カブス）と流出し、とくに外国人の移籍が多かった。それでも三年続けてBクラスに落ちなかった。

野村監督時代の中心打者、広沢は一八年のネット媒体の取材で「巨人や広島もたいしたことないと思えた」と答えている。この広沢の思いが二十年以上経って選手が変わっても続いていると思える。だから大した戦力でもないのに長い低迷期がない。逆に〇四年以降の十五年間、三年連続Aクラスもない。資金力のない球団にとってシーズンごとにやってくる好不調の波は仕方がないのかもしれない。

S 外れ一位が幸運を呼ぶ不思議な球団

ヤクルトの本拠地は東京六大学リーグと東都大学リーグがリーグ戦をおこなう神宮球場だ。とくに、土、日曜日に開催する東京六大学リーグは開場した一九二六（大正十五）年から試合をしているので結びつきが深い。二十年くらい前、東都大学リーグの選手を取材したとき、「東都のほうが（全国大会で）強いのにどうして平日（火曜日から開催）にやらなければいけないんですか」と言われたが、それは歴史を正しく認識していない。

東都大学リーグが一九三一（昭和六）年の五大学野球連盟の結成を源流としているのに対して、東京六大学リーグの源流、早慶戦が行われたのは一九〇三（明治三十六）年である。神宮球場が開場したとき東都大学リーグはリーグの形そのものがまだ存在していなかった。六大学の土、日開催、東都の平日開催が本当に不満なら、東都は違う球場を探さなくてはならないだろう。

さて、神宮球場に縁が深い東京六大学リーグとヤクルトだが、ヤクルトの前身、国鉄スワローズがフランチャイズとした六四（昭和三十九）年から関係が続いている。かといって、ヤクルトが東京六大学リーグの選手を多く指名してきたかというと、そんなことはない。〇八年以降の過去十年では西浦直亨《なおみち》（遊撃手・法政大）、星知弥（投手・明治大）、松本直樹（捕手・立教大→西濃運輸）の三人だけ。その前の〝先輩〟たちが不甲斐なかったわけではない。

九八〜〇七年は藤井秀悟（投手）、青木宣親（外野手）、田中浩康（二塁手）、武内晋一（一塁手）という早大ＯＢが頑張っている。それがその後の指名につながっていないのは一〇年には斎藤佑樹、一五年には高山俊を抽選で外していることが大きい。しかし、斎藤の外れ外れ一位で山田哲人（遊撃手・履正社高）、高山の外れ一位で原樹理（投手・東洋大）を指名しているので、クジ運の悪さはむしろヤクルトに幸いした。

その外れ一位にここからは焦点を当てたい。八〇年以降、ドラフト一位の当たりクジを引き当てたのは一一例ある。このうち、八〇年の竹本由紀夫（競合したのは近鉄）、八二年の荒木大輔（巨人）、八七年の長島一茂（大洋）は、外した球団のほうが得をしている。八〇年の近鉄が石本貴昭（投手）、八二年の巨人が斎藤雅樹（投手）、八七年の大洋が盛田幸妃《こうき》（投手）を外れ一位で獲得して、のちの主力選手に育て上げているのだ。高野光、広沢克己、伊東昭光、川崎憲次郎は当たりクジがプラスになっているが、伊藤智仁は負けたオリックスが小林宏（投手）、雄平は近鉄が坂口智隆（外野手）、増渕竜義は西武が木村文紀《ふみかず》（投手→外野手）、佐藤由規は巨人が藤村大介（内野手）を外れ一位で獲得しているので五分五分である。

むしろ外れ一位は錚々たるメンバーを獲得している。八九年は野茂英雄の外れ一位で西村龍次（投手）、九〇年は小池秀郎の外れ一位で岡林洋一（投手）、一〇年は前に紹介した山田哲人、一二年は藤浪晋太郎の外れ一位で石山泰稚《たいち》（投手）、一五年は前に紹介した原樹理《じゅり》といった具合だ。この外れ一位の人選は見事というほかない。

S 監督、コーチの尋常でないマンパワー

一七年は四五勝九六敗、勝率・三一九と惨状を極めた。真中満監督など五人の監督、コーチが退団した代わりに、小川淳司（監督）、宮本慎也（ヘッドコーチ）、田畑一也（投手コーチ）、石井琢朗（打撃コーチ）、河田雄祐（外野守備走塁コーチ）、土橋勝征《かつゆき》（内野守備走塁コーチ）が新たに就任した。

一七年がひどかったので指導者が代わったくらいでどうにかなるとは思わず、ラジオ番組の順位予想では最下位にした。交流戦まで一七勝二六敗、勝率・三九五で、「ああ、やっぱりな」と

思ったが、交流戦を一二勝六敗、勝率・六六七で初優勝を遂げると、それ以降の八一試合を四六勝三四敗、勝率・五七五でしのぎ、まさかの二位でフィニッシュした。ここで改めて思い知らされたのが〝マンパワー〟だ。

野手は西浦が前年の三〇安打から一一六安打、椎間板ヘルニアで一軍の試合に出場していなかった川端慎吾が七七安打、バレンティンが八〇打点から一三一打点、大引啓次が打率・二二七から打率・三五〇と、成績がアップしている選手が多い。

投手も中継ぎから抑えにした石山がリーグ二位の三五セーブを挙げれば、原が三勝一一敗、防御率三・八四から六勝七敗、防御率三・〇九に大幅アップし、さらに一七年はともに二試合の登板だった中尾輝《ひかる》が五四試合に登板して七勝三敗、梅野雄吾が二九試合に登板して三勝二敗、一〇ホールドを挙げている。まるで野村元監督の専売特許だった〝再生工場〟のようではないか。

振り返って見れば新首脳陣の経歴には〝再生工場〟の恩恵を受けた痕跡がうかがえる。小川監督は〇八年に高田繁政権下でヘッドコーチを務める前は九年間、二軍監督を務めていた。一〇年に成績不振で高田監督がシーズン途中で退任したあと監督代行を務めるが、それはあくまでもその場しのぎの人事で、次の監督は荒木大輔（現・日本ハム二軍監督）が既定路線だった。それが予想外の好指揮で翌年は監督に就いて二位に躍進。これで荒木監督の可能性はなくなった。

小川監督が代行を務めたときの采配で印象深いのは青木宣親の起用法だ。高田監督は三、四番に置いたが小川代行は一番に据え、田中浩康との一、二番でチャンスメーカーの役割を期待した。髙田が指揮を執ったときの打率・三〇二、本塁打五、打点一八に対し、小川代行になってからは打率・三八四、本塁打九、打点四五。指揮官と選手の相性のよさを感じないわけにはいかない。日本球界に復帰して一年目の一八年も打率・三二七（リーグ四位）、安打一六二である。拍手を送りたくなる。

宮本ヘッドコーチはドラフト二位でヤクルトに指名されたエリートだが、「守備は超一流、打撃は二流」と言われたほどバッティングが非力だった選手で、二〇〇〇安打超えを想像した人は本人も含めて一人もいなかっただろう。田畑投手コーチは北陸銀行退行後、実家で大工をしていた変わり種、石井打撃コーチはドラフト外で投手として大洋に入団したのちバッターに転向して二〇〇〇安打を達成した苦労人、河田、土橋両コーチも華やかな球歴とは無縁の職人肌だ。コーチとして実績を重ねた彼らが集結して前年最下位のヤクルトを立て直しにかかる、これをマンパワーと言わず何と言ったらいいのだろう。

S 分離ドラフト以降、指名偏差値が低下

ドラフトは成功選手が出ていない年が多い。〇九、一一、一四年がそういう年で、分離ドラフトの〇六、〇七年も不発。これだけドラフトで当たらないと普通は暗黒時代に突入しているはず

だが、過去十年はAクラス五回、Bクラス五回と土俵際で踏ん張っているのがわかる。しかし、本当の強さがない球団は好成績も続かない。野村監督になった九〇年以降、Aクラスの最長記録は若松勉政権下の四年である（〇一～〇四年）。

このときは真中、宮本、稲葉、古田、土橋がレギュラーを張り、投手陣は石井一、高津が野村時代から引き続いてチームを支え、ここにペタジーニ、岩村、ラミレスの野手、藤井、五十嵐、石井弘の投手陣が加わり、強力チームを作り上げた。

この野村、若松時代を支えた選手は八九年以降のドラフト入団者が多い。八九年一位・西村龍次（投手・ヤマハ）、二位・古田敦也（捕手・トヨタ自動車）、九〇年一位・岡林洋一（投手・専修大）、三位・高津臣吾（投手・亜細亜大）、九一年一位・石井一久（投手・東京学館浦安高）、九二年一位・伊藤智仁（投手・三菱自動車京都）、三位・真中満（外野手・日本大）、九三年一位・山部太（投手・NTT四国）、九四年二位・宮本慎也（遊撃手・プリンスホテル）、三位・稲葉篤紀（一塁手・法政大）、九五年四位・石井弘寿《ひろとし》（投手・東京学館高）、九六年二位・岩村明憲（三塁手・宇和島東高）、九七年二位・五十嵐亮太（投手・敬愛学園高）、九九年二位・藤井秀悟（投手・早稲田大）、〇〇年五位・畠山和洋（内野手・専大北上高）、〇一年自由枠・石川雅規《まさのり》（投手・青山学院大）、〇二年一巡・高井雄平（投手→外野手・東北高）、三巡・館山昌平（投手・日本大）、〇三年四巡・青木宣親（外野手・早稲田大）。

この十五年間はヤクルトドラフト史上の黄金期と言っていいだろう。まず素晴らしいのは、九八年以外は成功選手が絶え間なく輩出されていること。この時期のスカウティングがいかに細やかに目配りされ、選手の力量を適格に把握していたかわかる。

また三位以上の高順位で指名しているのも見事だ。イチローや前田智徳を四位で指名したオリックスや広島のスカウティングを見事という人がいるが、見事なのはイチローや前田であって、スカウトではない。この時期のヤクルトはそうではない。四位（四番目）以下の成功選手の指名は十九人中、石井弘、畠山の二人だけだ。三位（四巡など三番目）でさえ高津、真中、稲葉、青木しかいない。一、二位の上位指名は十三人になる。上位指名選手はスカウト会議で練りに練って準備した結果、生まれる。球団（編成）の頭脳が総結集した結果なのである。いわば、偏差値と言っていい。

この偏差値が分離ドラフト以降、急に低下する。〇六年以降の十三年間の指名で、戦力になっているのは中村悠平、山田哲人、石山泰稚、秋吉亮くらいで、まだ結果が出ていない原樹理、星知弥、梅野雄吾、中尾輝も、野村・若松時代の主力のような目覚ましい出足は見せていない。九〇年代のドラフトがどのように行われたのか、退職したスカウトを呼んで会議を開くなど、何か策を講じたほうがいい。今のままだと来年から再び、チーム成績の乱高下が始まるだろう。それを見せられるのはファンには苦行である。

読売ジャイアンツ

GIANTS

菅野智之は日本一の投手になった。三度目の原監督の手腕が問われる。

創　設	1934年12月26日創立
本拠地	東京ドーム
セ・リーグ優勝	36回
日本シリーズ優勝	22回
2018年	67勝71敗5分　第3位

G 巨人関係者に悪い人はいないのに

私は巨人が嫌いだった。家族の中に巨人ファンが一人もおらず、強い者が嫌いという生まれついての性格がそれに拍車をかけた。川上哲治監督に率いられた一九六五～七三年までの九年連続日本一（V9）の期間中には吉田勝豊（東映）、田中久寿男《くすお》、高倉照幸（ともに西鉄）というパ・リーグの好・強打者がトレードで巨人に入団し、高倉は二年、吉田、田中は三年で他球団に放出された。三番王貞治、四番長嶋茂雄のあとの五番打者、というのが彼らに与えられた役割だが、力が衰えたらすぐにクビを切る、この非情さに中高生の感性はついていけなかった。

四十を過ぎてから野球の仕事が多くなり、かつてテレビやスポーツ紙でしか見られなかった野球人を取材するようになった。プロ野球OBで評論家として生きていけるのはもちろん「元巨人」が多く、苅田久徳《ひさのり》、青田昇、千葉茂、川上哲治、藤田元司、中村稔、渡辺秀武、金田正一、横山忠夫……等々、枚挙にいとまがないほど巨人OBから話を聞かせていただいた（苅田は三六年のリーグ戦はセネタースの選手として参加しているが、最初にプロ契約をしたのは巨人だった）。

昔、あれほど嫌っていた巨人なのに、OBと会って話をすれば嫌な人は誰もいなかった（この言い方にはまだ〝アンチ巨人〟の気分が残っている）。そして、話してくれる野球の話はとんでもないくらい面白かった。

たとえば、青田さんは現役時代、主力打者として巨人を支える千葉、川上とよくバッティング談義をしたという。そこへ水原茂監督がやってきて「それはこういうことじゃないのか」みたいな感じで話に加わろうとすると、青田さんは「二割四分の人にはわからない話をしているんだからあっちへ行ってくれ」と追い払ったという。二割四分（二割四分三厘）とは水原の現役時代の通算打率である。青田さん、凄いな、と思う前に水原を少し弁護したい。

一九〇九（明治四十二）年生まれの水原茂は、プロ野球のリーグ戦がスタートした一九三六（昭和十一）年には二十七歳になっていた。その後、日中戦争が泥沼化する中国大陸に渡り、終戦直前の四五年八月九日、日ソ中立条約を破って満洲になだれ込んできたソ連軍の捕虜となり、シベリアで四年間の抑留生活を強いられる。

これほど運のない年回りの野球人はいないのではないか。自身の全盛期にはプロ野球は存在しておらず、さあこれから、というときに戦争に召集され、四年間の捕虜生活を余儀なくされるのである。それでも監督としては巨人、東映で日本一になり、三原脩、鶴岡一人とともに「三大監督」の称号で呼ばれている。私が最初のファンになった東映フライヤーズの監督がこの水原で、三塁コーチャーズボックスに立って華麗にブロックサインを送る姿は本当に格好よかった。青田さんの水原批判は、次男坊の父親への反抗みたいなものだと今は思う。

選手を取材する前には必ず広報に電話をして了解（アポ）を取るのだが、巨人の広報はマスコミへの応対が球団のイメージに直結するのを知っていて、絶対に不遜な態度を取らない。二十年近く前、高田繁二軍監督を取材するため、春季キャンプ場の宮崎市清武総合運動公園にタクシーで向かうと、寒風吹きすさぶ同球場の駐車場に広報の藤本健治さんが待っていて非常に恐縮した。

一八年の九月にはマギー選手の取材で東京ドームに出向き、広報の織田《おりた》淳哉さんと久しぶりにあったが（以前スカウトだった織田さんとは面識があった）、「今でも全国を見て回っているんですか」と聞かれ、大船渡高二年の怪物右腕、佐々木朗希のことを私が熱っぽく話し、織田さんはマギーの優れた人格について熱っぽく話してくれた。

どの球団の広報も紳士揃いだが、時々凄い人がいる。私だけがモンスターの標的になって嫌なことをされているのかとスポーツ誌の編集者やスポーツ紙の記者に聞くと、「私も同じ目に遭いました」とMe Too! の波が起こった。その球団は「マスコミの取材なんかなくても年間一〇〇万人くらいの観客動員があって、球団は黒字を保っていられるんだ」と思っていたのだろう。くどいようだが、巨人にはそういうモンスターがいない、少なくとも私が会った中には一人もいなかった。それがドラフトになると巨人の顔はガラッと変わる。

G 単独指名がチームの土台を弱めている

ほしい選手を入札して、複数球団が競合したら抽選で交渉権を確保する――江川卓の交渉権を取り逃がし続けた巨人に配慮して導入された入札制度である。この制度で臨んだ一九七八年十一月二十二日のドラフトを巨人は欠席した。その前日〝空白の一日〟を楯に江川の入団を発表し、これをセ・リーグ会長が却下。それに反発する意思を欠席で表したのだが、あまりにも子どもっぽい言い分と態度に、私は呆れた。そして、これを機に巨人ファンを辞めたという人が私の周りにもいた。

八〇年以降のドラフトで印象深いのは八〇年一位・原辰徳（三塁手・東海大）、八二年一位・斎藤雅樹（投手・市立川口高）、八五年一位・桑田真澄（投手・ＰＬ学園高）、八九年一位・大森剛《たけし》（一塁手・慶応大）、九二年一位・松井秀喜（三塁手・星稜高）である。原、斎藤（荒木大輔の外れ一位）、松井は抽選による獲得だから、このときの巨人はまだ戦っていた。

しかし、九三年から球界は一部の大学生と社会人に限り志望する球団に入れる「逆指名制度」を採り入れた。自分の意志で球団を選べないドラフト制度が若者の野球離れを加速させている、と一応の理屈は付けているが、要は逸材を思うように獲得できない巨人の苛立ちが後押しして導入された制度である。この制度は巨人を強くさせるはずだったが、実際には強くならなかった。むしろチームの生命力を弱めたと言っていい。

九三年以降、高校のスーパースターに向かって行ったのは過去二十五年間で、福留孝介（ＰＬ学園高）、寺原隼人（日南学園高）、辻内崇伸（大阪桐蔭高）、堂上直倫（愛工大名電高）、佐藤由規

（仙台育英高）、清宮幸太郎（一塁手・早稲田実高）の六人だけ。大田泰示《たいし》（外野手・東海大相模高）、岡本和真《かずま》（一塁手・智弁学園高）を入れても八人しかいない。

松坂大輔（横浜高）、ダルビッシュ有（東北高）をスルー、希望枠が撤廃された〇八年以降の統一ドラフトでも筒香嘉智《つつごうよしとも》（横浜高）、菊池雄星（花巻東高）、大谷翔平（花巻東高）、藤浪晋太郎（大阪桐蔭高）、髙橋純平（県立岐阜商）には目もくれず、過去十年の単独一位指名は、長野久義（外野手・Ｈｏｎｄａ）、澤村拓一（投手・中央大）、菅野智之（投手・東海大）、岡本和真、桜井俊貴（投手・立命館大）の五人。

高校卒は巨人の歴史そのものと言っていい。沢村栄治、ヴィクトル・スタルヒン、中島治康、川上哲治、千葉茂、青田昇、王貞治、堀内恒夫、高橋一三《かずみ》、斎藤雅樹、桑田真澄、松井秀喜……。戦前の話をすればアマチュア野球の中心は東京六大学リーグだった。しかし、その頃の球場は「商売、商売」とヤジが飛ぶことがあり、ファンの中にもプロ野球を〝賤業《せんぎょう》〟と見る向きがあった。そういう世界に率先して飛び込んだのは東京六大学卒より高校卒である。

『真説　日本野球史　昭和篇その三』（大和球士著、ベースボール・マガジン社）は昭和十三（一九三八）年のシーズン前に入団した選手を紹介しているが、巨人は川上、千葉、吉原正喜など七人中六人が高校卒だった。また『鈴木龍二回顧録』（鈴木龍二著、ベースボール・マガジン社）に紹介されているプロ野球戦没選手名簿を見ると、戦没者七十二人中、高校卒五十人、大学卒二十二人と大きな差がついている。

この高校卒の「アドベンチャー・スピリット」が今の巨人には足りない。むしろ日本ハム、西武、ソフトバンクなどパ・リーグで多くなり、交流戦、日本シリーズでセ・リーグはパ・リーグに完膚なきまでに叩きのめされている。競合しないで楽にいい選手を獲得したい、そういう腰の引け方が巨人だけでなく、セ・リーグ全体の土台を弱めているのである。

ドラフトの醍醐味は一位入札を複数球団で競合するところにある。八球団の一位競合があって野茂英雄の存在感は一段と高まったし、大谷翔平ほどの凄い選手でも入札したのが日本ハム一球団だけだったのを見て、大谷のメジャー志向の強さが浮き彫りになる。そういうドラフトの醍醐味に浸る余裕が巨人にはないのだろう。

とにかく即戦力がほしい。レギュラー級が何人いても、そこに新たなレギュラー級を入れて、生き残った者だけに明日の巨人を託したい、どうもそんなことを考えているようなのだ。それが理想と言われればそうかもしれないが、野球人口が減っている現実があり、レギュラー級を一球団で何人も独占できる環境が今の日本にはない。さらに現代のプロ野球はフランチャイズが全国に分散して、各球団には地元の熱いファンの後押しがある。

昔のプロ野球はそうではなかった。巨人が強ければプロ野球の人気が維持できる、そういう思考が大手を振って歩いていた。巨人に弱体化のシグナルが点《とも》れば他球団に不利なトレードがひんぱんに行われ、ドラフトも巨人に配慮した制度の変更が何回も行われてきた。それが〇四年の再編騒動でなくなった。〝十二分の一〟が現実化した時代にどう折り合いをつけていくか、それが今後の巨人の課題と言ってもいい。

G 岡本和真の登場で、未来に光が

一八年の巨人はそういう課題に答えを見つけたかもしれない。正しいスカウティングとファームのコーチングが一体となって逸材を一軍に送り込む、これがプロ野球の基本である。一八年はプロ四年目の岡本和真を高橋由伸監督（一八年限りで辞任）が六月二日から四番で起用し続け、打率・三〇九、本塁打三三、打点一〇〇という見事な成績に導いた。

高校時代の岡本は「目標とする打者は中村剛也（西武）」と紹介されることが多かったが、ミートポイントが投手寄りの中村と捕手寄りの岡本とでは、根本的なタイプからして違った。イヤーブックと呼ばれる『Yomiuri special92 GIANTS 2015』（読売新聞社）で入団時に取材したとき、プレースタイルの特徴を表すバランスチャートで長打力、アベレージ、将来性を五点満点中の五点にし、走力と守備力を二にしたが、岡本に「それでいい？」と聞くと、「厳しくしていただいて結構です、本当のことなんで」と納得してくれた。

無事終わったあと、取材を見守っていた広報の方は「最近、機嫌が悪かったんです」と言う。

同じような質問ばかりされるので言葉数が少なくなっていたらしい。私はいつも技術のことしか聞かないので、それが岡本には新鮮だったのだろう。予想外によく喋ってくれ、私も気持ちよかった。

その広報の方が「何年くらいで出てくると思いますか」と言うので、私は「三年くらい?」と答えたと思う。広報氏は「私は一年目に出てくると思います」と言っていた。その岡本に寄せる信頼感が清々《すがすが》しく、今でもこのときのことが忘れられない。

シーズン最終戦の阪神戦(甲子園球場)はテレビで観戦した。残り一試合で一〇〇打点まで残り三。私は達成できないと思っていたが、四対四で迎えた七回表、中継ぎエース、桑原謙太朗の甘いスライダーを捉えて左中間にソロホームランを放ってわからなくなった。残りのチャンスは多分あと一回。そこでツーランを打てば大台に乗る。

六対四で迎えた八回に一死二塁で打席が回り、ピッチャーは若手の剛腕、望月惇志《あつし》。最初から一五〇キロを超えるストレートで押してくる望月に対して、岡本はファールにしながら徐々にタイミングを合わせているように見えた。そして、三ボール一ストライクからの一五〇キロのストレートを甲子園球場の最深部、左中間スタンドに放り込んで一〇〇打点を到達したのである。長嶋茂雄が東京六大学リーグ新記録となる八本塁打も大学生活最終試合で達成し、首位打者を決めるヒットはこの試合の最終打席だった。この長嶋が持っていた勝負強さを岡本も備えている。

翌日のスポーツ紙は三割、三〇本塁打、一〇〇打点で持ちきりだった。それによると、この記録を最年少で記録したのは岡本で、達成年齢は二十二歳。二十三歳で記録しているのは王貞治（巨人）、門田博光（南海）、掛布雅之（阪神）、山田哲人（ヤクルト）の四人で、筒香嘉智（ＤｅＮＡ）は二十四歳、松井秀喜（巨人）は二十六歳の達成。錚々《そうそう》たる顔ぶれを見て岡本の成し遂げた仕事の大きさが実感できる。また日刊スポーツによると、前年の打点が一桁、通算の打点が一桁の日本人選手が一〇〇打点を挙げたのもプロ野球史上初めてらしい。

高橋監督は堀内恒夫以来の優勝なしの監督退任になるが、岡本を起用し続けただけで大きな足跡を残したと言っていい。巨人の歴代監督がなかなかできなかった高校卒野手を大きく育て上げたのである。胸を張っていい。

岡本と同様に、スタメンで起用し続けたのが一六年一位の吉川尚輝（遊撃手・中京学院大）だ。ヘッドスライディングをしたときの左手骨折で八月一日以降、出場が途絶えたが、それまでに記録したヒット数は八〇本で、打率・二五三も期待を抱かせるのに十分。ここまでスカウティング、ファームのコーチングに疑問を投げかけてきたが、岡本、吉川尚の登場で巨人を見る目が変わってきた。一九年はポスト菅野の候補になるような本格派を見てみたい。三度目の返り咲きになる原辰徳監督の腕の見せどころである。

横浜DeNAベイスターズ

BAYSTARS

筒香嘉智の指名でチームが生まれ変わった。次の後継者を育てるべき。

創　設	1949年12月15日創立
本拠地	横浜スタジアム
セ・リーグ優勝	2回
日本シリーズ優勝	2回
2018年	67勝74敗2分　第4位

Ｂ 監督の個性が強く出て、快進撃がストップ

過去、Ａクラスが三年以上続いたのが一九六九～七一年、九七～二〇〇一年の二回だけ（ヤクルトは三年連続と四年連続が一回ずつ）。現在のセ・リーグで通算成績が最も低いのがＤｅＮＡだ。そういう中でラミレス監督の過去三年は悪くない。その采配で最も目立つのは若手の抜擢。

一六年には、倉本寿彦が初の規定打席に到達し、安打数は前年の五一本から一五七本になった。桑原将志も初の規定打席に到達し、安打数は一九本から一三一本に大幅アップ。宮﨑敏郎は規定打席にこそ到達しなかったが四四安打から倍増の八八安打を放ち、一五年四位の新人、戸柱恭孝《とばしらやすたか》は八三安打を放ってレギュラー近しを思わせた。

翌一七年も凄い。宮﨑が初の規定打席に到達、打率・三二三で首位打者を獲得してしまうのだ。桑原、倉本も前年に続いて規定打席到達、一〇〇安打超えを実現して、前年八安打の柴田竜拓《たつひろ》が五〇安打を放って、二塁のレギュラーを奪取する勢いだった。こういう着実なプロセスを踏んだ選手は三年目、大きく成績を落とさないが、ＤｅＮＡは落ちた。

一八年、ショートの倉本はＦＡ権を行使して阪神から移籍してきた大和にポジションを取られ、五三安打、桑原はシーズン前半、新人の神里和毅にスタメンを譲ることが多く九九安打、梶谷隆幸は四年続いた規定打席到達がかなわず三四安打に終わり、戸柱は嶺井博希やオリックスから移

籍した伊藤光とポジションをシェアする形で成績が後退、安打数はわずか一〇本だった。

ピッチャーは期待された左腕の三本柱、石田健大《けんた》（三勝七敗）、今永昇太（四勝一一敗）、濵口遥大《はるひろ》（四勝五敗）が揃って下落、中継ぎ陣の強化を狙った井納翔一を先発に戻すドタバタがあり、外国人の四人、バリオス、パットン、ウィーランド、エスコバーの中ではパットンだけが防御率二点台を記録した。

選手の不調が大きく響いた成績下降だったわけだが、選手を固定しなかったラミレス采配にも問題はあったと思う。激しい競争を勝ち抜いた者にレギュラーポジションを与えるのは正論だが、二年間しっかり成績を残した選手には盤石の信頼感を持ってポジションを与えたほうが結果はよかったと思う。

チーム成績から一八年を振り返ろう。本塁打一八一本は広島の一七五本を抜いてリーグ一位、それでいて五七二得点は最下位だった。四死球の少なさが一因と言っていい。三六三個の四球数は五位中日の四〇二個より少なく、一位広島の五九九個には遥かに及ばない。出塁率は当然低く、リーグ最下位の三割七厘。一位の広島は三割四分九厘もあった。

また、規定打席に到達した選手が四人だけというのも感心しない（中日七人、広島六人、ヤクルト六人、巨人四人、阪神四人）。これは起用する監督の覚悟の問題である。中日はチーム成績が五位で選手層も薄いが、森繁和監督は低迷するチームを監督の采配ではなく、選手の力で乗り切ろとした。それが七人の規定打席到達によく現れている。

投手も規定投球回に到達しているのは新人の東克樹だけである。他球団も広島と巨人（ともに二人到達）以外は一人なので違和感はないが、一〇〇イニングに到達しているのが東だけというのは首を傾げる。他球団は広島五人、ヤクルト四人、巨人三人、中日四人、阪神四人が一〇〇イニングを超えている。

一〇〇球を超えたらリリーフ、がラミレス監督の投手降板基準なのでイニング数が少ないのは宿命かもしれないが、一七年は今永と井納が規定投球回に到達し、一〇〇イニング超えも五人いた。優勝をめざした一八年はラミレスが監督であることを意識しすぎて、「選手で戦う」という基本線に立ち返れなかったのだろう。

B 抽選で負け続けて冒険心が失われる

ＤｅＮＡは監督がよく替わる。一九五〇年以降の六十九年間、シーズン途中交代も含めて監督に就いたのは三十人。つまり、ＤｅＮＡの監督生命は二・三年ということになる。巨人は十一人なので監督生命は六・三年。この差がチームの強さ・弱さの差である。

監督に就く人はこういう監督寿命の短さをわかっているから、高校生を一位で獲得してファームでじっくり育成して、とは考えない（ほとんどの球団は監督の意向を反映した上位指名をする）。

過去十年で高校生の一位指名は〇九年・筒香嘉智（外野手・横浜高）、一一年・北方悠誠《きたかたゆうじょう》（投手・唐津商高）の二人だけ。これは十二球団で阪神に次ぐ少なさだ（オリックス、ロッテも二人）。

もう一つの〝勇気指数〟、野手の一位指名は〇八年・松本啓二朗（外野手・早稲田大）、〇九年・筒香、一二年・白崎浩之（三塁手・駒沢大）の三人で、こちらは十二球団で五番目（ヤクルト、阪神、オリックスと同数）だからまあまあ。ただ、筒香以外は大学生で冒険心豊かとは言えない。こういう守り型のドラフトになったのは、重複したときの抽選で負け続けた歴史があるからだ。

過去十年のドラフトを振り返ってみよう。

一〇年……大石達也（西武）に入札して抽選負けして須田幸太（投手・JFE東日本）を獲得
一一年……藤岡貴裕（ロッテ）に入札して抽選負け、外れ一位で松本竜也（巨人）に入札して抽選負け、外れ外れ一位で北方を獲得
一二年……東浜巨（ソフトバンク）に入札して抽選負けして白崎を獲得
一三年……松井裕樹に入札して抽選負け、柿田裕太（投手・日本生命）を獲得
一四年……有原航平（日本ハム）に入札して抽選負け、山﨑康晃（投手・亜細亜大）を獲得
一六年……柳裕也（中日）に入札して抽選負け、外れ一位で佐々木千隼（ロッテ）に入札して抽選負け、外れ外れ一位で濵口遥大（投手・神奈川大）を獲得

外れ一位で重複した柿田は日本ハムと阪神との抽選、山﨑は阪神との抽選で勝っているので救いはありそうだが、柿田を外した日本ハムは今売り出し中の渡邉諒（内野手）、阪神はローテーション投手の岩貞祐太を外れ外れ一位で獲得している。それに対して柿田は一軍登板がないまま一七年限りで退団しているのでいいところなしである。

十年以上前にさかのぼっても〇七年は高校生ドラフトで佐藤由規（ヤクルト）、高濱卓也（阪神）を外して、外れ外れ一巡で田中健二朗（投手・常葉菊川高）、同年の大学生&社会人ドラフトでは大場翔太（ソフトバンク）を外して小林太志（投手・JR東日本）、〇六年の高校生ドラフトでは田中将大（楽天）を外して北篤（投手・小松工高）を獲得と、本当にいいところがない。

こういうことが積み重なった結果、冒険心のないドラフトが〝第二の天性〟となり、〇八年は松本、〇九年は筒香、一五年は今永（駒沢大）、一七年は東克樹《あずまかつき》（立命館大）の単独指名になっていくのである。

B 外れ一位で成功しているのは投手

外れ一位の難しさがおわかりになったと思う。強く記憶に残っている外れ一位の成功例も紹介しよう。

八〇年　原　辰徳（巨人）→川口和久（投手・デュプロ→広島）
八二年　荒木大輔（ヤクルト）→斎藤雅樹（投手・市立川口高→巨人）
八三年　高野　光（ヤクルト）→渡辺久信（投手・前橋工高→西武）
八六年　近藤真一（中日）→西崎幸広（投手・愛知工業大→日本ハム）
八九年　野茂英雄（近鉄）→佐々木主浩《かずひろ》（投手・東北福祉大→大洋）
九五年　福留孝介（中日）→原　俊介（巨人）→荒木雅博（内野手・熊本工高→中日）
〇五年　辻内崇伸（巨人）→岡田貴弘（T－岡田、外野手・履正社高→オリックス）
〇六年　堂上直倫《どのうえなおみち》（中日）→坂本勇人（内野手・光星学院高→巨人）
一〇年　斎藤佑樹（日本ハム）→塩見貴洋（楽天）→山田哲人（内野手・履正社高→ヤクルト）
一四年　有原航平（日本ハム）→山﨑康晃（投手・亜細亜大→ＤｅＮＡ）

二〇〇〇年以降、野手の成功例が増えているが、ドラフト史上で俯瞰して見れば、外れ一位（外れ外れ一位も含む）で成功した四十七人中、投手は三十七人、野手は十人だ。比率で言えば約八割がピッチャーということになる。この三十七人をさらに分類すると高校生が十三人、大学生が十三人、社会人が十一人になる。つまり、外れ一位は野手より投手のほうが成功例は多い。Ｄ eNAも盛田幸妃、佐々木、山﨑で成功している。

またDeNAのドラフトを見ていると昔から目に見える「成功法則」を求めているのがわかる。単純に高校、大学とのパイプの太さを利用して、横浜高から石川雄洋、筒香嘉智、乙坂智《おとさかとも》、日本大から村田修一、堤内《つつみうち》健、那須野巧、桑原義行、法政大から土居龍太郎、河野友軌、加賀美希昇《きしょう》、三嶋一輝、三上朋也、石田健大を獲得し、〝荒川事件〟以来、付き合いが断たれていた早稲田大からも近年は松本、細山田、須田を獲得し、東都大学リーグにも目配りを怠らず、駒沢大から白﨑、今永、亜細亜大から嶺井博希、山﨑を獲得している。

さらに戦略的な指名が、近年目立つ左腕の上位指名である。一四年二位・石田から始まって、一五年に今永、一六年に濵口、一七年に東を一位で指名している。〇〇年以降で見ても、吉見祐治、森大輔、那須野、高宮和也、田中健二朗が上位指名だ。結果的にラミレス監督の二年連続Aクラス入りを後押しした（一六、一七年）が、そんなに左腕が有効かなとも思う。

『二〇一八年版　プロ野球問題だらけの12球団』のDeNAのピッチングスタッフ分析では「左腕ばかり四人を先発に入れて何か益があるのだろうか。他球団の今年のスタメンを予測して、左打者が四人以上並ぶのはDeNAと中日だけである（パ・リーグはソフトバンク、楽天、日本ハム）。ちょっとしつこいようだが、昨年のドラフトでは清宮か安田を一位で入札して、若手野手の層を厚くするべきだった」と書いた。学校との太いパイプもそうだが、バランスを欠いた左偏重の戦略はやめたほうがいいと、Bクラスに落ちた今、はっきりと思う。

B 高校生離れした筒香の言葉

過去十年の大ヒットは〇九年に単独一位指名した筒香嘉智だ。

「野球は投手から」というプロ野球界の常識通り、超高校級左腕、菊池雄星（花巻東高）に西武、阪神、ヤクルト、楽天、中日、日本ハムの六球団が一位で入札し、西武が抽選で獲得した。その他の投手はオリックスが古川秀一（日本文理大）、広島が今村猛（清峰高）を指名し、プロ野球界の投手への思いの強さを再認識させられた。

野手はロッテが荻野貴司（トヨタ自動車）、巨人が長野久義（Ｈｏｎｄａ）を指名し、高校生の野手を指名したのはソフトバンクの今宮健太（遊撃手・明豊高）と横浜の筒香だけである。

ここまで名前を出しただけでも一位指名された多くの選手がプロ野球界で成功し、下位指名では大島洋平（外野手・日本生命→中日）、増井浩俊（投手・東芝→日本ハム）が五位から羽ばたいてプロ野球でタイトルを獲るほどの大物になっている。そして、これらの成功選手の中でも群を抜いて光り輝いて見えるのが筒香である。

二〇〇〇年以降、毎年出し続けている『プロ野球問題だらけの12球団』の二〇一〇年版では、「投手不足の横浜が高校生の強打者を一位指名しても違和感がなかった」と書いたが、それは高校時代に取材したとき聞いた高校生離れした筒香の言葉を聞いていたからだ。そして、プロ野球を代表する強打者になった今、その言葉はさらに確信的になった。

一七年六月の取材でプロ野球界での歩みを聞くと、「最後は自分が信じていることをずっとやろうと思って、言い方は悪いですけど誰の言うことも聞かなくなって、そこからよくなりました」と言い、技術的には「反対方向に打つ技術というのは、試合に入ったときに本当に役に立つことが多いです。バッティング練習でただ引っ張ってホームランを打つというのは、プロ野球選手なら誰でもある程度できることなので」と言い、ミートポイントを聞くと「近くしますね。それも急に近くなるものじゃないので、ちょっとずつ自然に年を重ねるごとに近く、日を重ねるごとに近くなってくるので。高校時代も近かったと思うんですけど、今とくらべたらだいぶ前です」と続けた。

筒香のよさは高校時代も今も、言葉に（自分の技術に）迷いがないことだ。自分のやることがシンプルでクリアなので、スランプに陥ったとき何もすればいいのかもすぐにわかる。こういう選手はそうはいない。一九年はプロ十年目になり、あと一四九安打打てば通算安打数は一〇〇〇本に届く。ＤｅＮＡはそろそろ筒香の後継者を探す時期にきている。そのわりにはピッチャーの一位指名が多いのが不満である。

中日ドラゴンズ

DRAGONS

落合博満がGMになってから、奇妙なドラフトが始まってしまう……

創　設	1936年1月15日創立
本拠地	ナゴヤドーム
セ・リーグ優勝	9回
日本シリーズ優勝	2回
2018年	63勝78敗2分　第5位

成績が低迷しても即戦力に走らなかった

過去三十年のスパンで中日を考えるとき、絶対に外せない人物が二人いる。星野仙一と落合博満だ。星野は一九八七〜九一年、九六〜〇一年の二期十一年間、監督を務め、リーグ優勝二回を果たし、落合は〇四〜一一年までの八年間監督を務め、リーグ優勝四回、日本一・一回（二位からCSを勝ち上がり日本シリーズを制覇）の黄金時代を築いた。

星野監督で注目するのは、監督就任が決まったとき（ともに高木守道が監督代行および監督）の順位が二期とも五位だったことだ。この下位チームでの指名が実に思い切りがよかった。八六年が一位・近藤真一（投手・享栄高）、二位・山﨑武司（捕手・愛工大名電高）という高校生主体の指名で、五人の高校生のうち三人が野手だった。

翌八七年も一位・立浪和義（遊撃手・PL学園高）、二位鎌仲政昭（投手・神戸高）、三位・上原晃（投手・沖縄水産高）まで高校生が上位を占め、八八年は一位・今中慎二（投手・大阪桐蔭高）など六人中三人が高校生だった。前年五位なら新監督は即戦力（それも投手）をほしがりそうだが、星野は違った。

この第一期監督に就任するとき、星野は西武の根本陸夫球団管理部長に岡田英津也《えつや》スカウトの譲渡を申し入れている。根本にとって岡田は腹心だが、根本は星野の申し入れを快諾した。岡田は八九年まで中日の二軍監督を務め、その後編成部長としてスカウティングに奔走する。『鷹軍団　翔んだ！』（松島豊彦構成、デポルテ）はそのへんの関係を詳細に書いていて面白い。それによると岡田を中日に譲るとき根本は、「今の英津也（岡田）は七〇〇ヵ所はすぐに連絡が取れるよ。そのルートは西武に置いていかなくていいからって、中日にもたせてやったぜ」と口にしている。ちなみに、根本は一五〇〇カ所に連絡が取れると同書の中で豪語している。

星野は二期目の監督を辞めると間髪を入れず阪神の監督に就任し、リーグ優勝に導いた直後にその座を退き、オーナー付きシニア・ディレクターという肩書でフロントに入る。その二年目の二〇〇五年のプロ野球名鑑を見ると、岡田英津也が「非常勤顧問」という肩書で阪神のフロントに入っているのに気づかされる。岡田や根本に対する敬意のような感情がうかがえて興味深い。

中日で展開するドラフトに話を戻そう。二期目の監督に就任した九五年オフも星野は一期目と同じ動きをする。七球団が重複する福留孝介（遊撃手・ＰＬ学園高）を抽選で外し（交渉権を得た近鉄は入団を拒否される）、外れ一位で東海大相模高の原俊介（巨人）を入札し、これも抽選で負けると外れ外れ一位で荒木雅博（遊撃手・熊本工高）を指名する。翌九六年も高校生の上位指名が続く。逆指名制度のもと大学生と社会人を一位で指名する球団が七球団ある中、一位・小山伸一郎（投手・明野高）、二位・森野将彦（内野手・東海大相模高）という指名をするのだ。

最下位に沈んだ九七年は一位・川上憲伸（投手・明治大）をはじめ五位・井端弘和（遊撃手・亜

細亜大）など大学生中心、翌九八年は一位・福留孝介（三塁手・日本生命）、二位・岩瀬仁紀《ひとき》（投手・NTT東海）という歴史に残る指名を敢行する。要するに、星野は一つの引き出しで満足しなかった。高校生指名で味をしめてもそれにこだわらず異なる方法論に耳を貸して実践するというのは、根本にも通じるフレキシブル（柔軟）な対応力と言っていいだろう。この星野流が落合博満GMに引き継がれなかったのが残念である。

D 黄金時代の直後に暗黒時代

落合博満は監督としては星野を上回る実績を残し、中日という球団に初めて黄金時代をもたらした功績は球団史上ナンバーワンと言っていいだろう。この実績を楯に谷繁元信が新監督に就くと同時にチーム初のGMに就き、ここから奇妙なドラフトがスタートする。

高木監督が辞任した一三年秋、GMとしてドラフトに参加すると松井裕樹（楽天）を一位で入札して抽選負け、外れ一位で鈴木翔太（投手・聖隷クリストファー高）を指名する。この至極まともな指名のあと二～六位が即戦力候補で埋め尽くされる。二位・又吉克樹（投手・四国アイランドリーグ香川）、五位・祖父江大輔（投手・トヨタ自動車）が戦力になっているのでおかしくはないが、違和感は残った。

翌一四年は一～九位まで全員が大学生＆社会人（独立リーグ含む）の即戦力候補でありながら、

戦力どころか一軍出場もままならず、一五年は高校生投手の髙橋純平（ソフトバンク）を一位で入札し、抽選負けで外れ一位・小笠原慎之介（投手・東海大相模高）を獲得してようやく若さが注入されたと思ったが、二〜六位が大学生&社会人に偏っていた。一六年は一位・柳裕也（投手・明治大）、二位・京田陽太（遊撃手・日本大）という即戦力候補の上位指名だが、この年のドラフトは落合主導で行われず、社会人の選手は一人もいなかった。社会人ゼロは一一年以来、五年ぶりである。

落合GM時代は一六年限りで実質的な幕を下ろすのだが、一三〜一八年に記録された球団ワースト記録「六年連続Bクラス」の原因はこの間に行われたドラフトにあると言っても過言ではない。そして、普通は三、四年の予備期間がある黄金時代と暗黒時代のはざまが中日にはなく、あっと言う間に暗黒時代が押し寄せた。

ドラフトで最も大事なのは一方に偏らないことである。高校生偏重も、大学生&社会人偏重もダメ。個人技を追い求める高校卒の奔放さに自己犠牲精神旺盛な社会人が交わり、ここに自我とチームプレーの狭間で揺れる大学生が入り、チームは理想的なバランスを保つ。一九九〇年の西武がそういうチームだった。

高校卒が秋山幸二、伊東勤、笘篠《とましの》誠治、田辺徳雄、清原和博、大学卒が移籍組の平野謙、社会人出身が石毛宏典、辻発彦、外国人がデストラーデという野手陣に、投手陣は高校卒が工藤公康、渡辺久信、大学卒が移籍組の鹿取義隆、社会人出身が松沼博久、石井丈裕、渡辺智男《とみお》、潮崎哲也、外国人が郭泰源《かくたいげん》という顔ぶれである。

一五年の中日はどうだったかというと、捕手は杉山翔大《しょうた》（早稲田大）、松井雅人（上武大）、桂依央利《いおり》（大阪商業大）の大学卒が占め、内・外野は一塁・森野将彦（東海大相模高）、二塁・亀澤恭平（四国アイランドリーグ香川）、三塁・ルナ、遊撃・エルナンデス、外野・大島洋平（日本生命）、平田良介（大阪桐蔭高）、藤井淳志《あつし》（NTT西日本）でわかるように高校卒が二人だけ。

投手陣は大野雄大《ゆうだい》（佛教大）、山井大介（河合楽器）、若松駿太（祐誠高）、又吉克樹（四国アイランドリーグ香川）、浅尾拓也（日本福祉大）、田島慎二（東海学園大）、岡田俊哉（智弁和歌山高）、高橋聡文《あきふみ》（高岡第一高）、福谷浩司（慶応大）、吉見一起《かずき》（トヨタ自動車）の中に高校生は三人だけで、大学生&社会人が主体。九〇年の西武とは明らかに違うのがわかる。中日のドラフトはこの時期、戦略を間違えたのである。

高校生が大成できない土壌

巨人のV10を阻止した球団として中日は球史に名を残す。その七四年のリーグ優勝に貢献したのが一九六八〜七二年に指名された選手である。史上最大の豊作年である六八年は一位・星野仙一（投手・明治大）、二位・水谷則博（投手・中京高）、三位・大島康徳（外野手・中津工高）、九位・島谷金二《きんじ》（内野手・四国電力）を指名し、星野、水谷は一〇〇勝以上、大島は二〇〇〇安打以上、島谷は一五〇〇安打以上を記録し、球団としては空前の当たり年になった。

六九年も凄い。一位・谷沢健一（外野手・早稲田大）が二〇〇〇安打超えを果たし、四位・松本幸行《ゆきつら》（投手・デュプロ印刷機）は七四年に二〇勝を挙げ、最多勝に輝いている。七〇年は二位・稲葉光雄（投手・日本軽金属）が〝巨人キラー〟として名を馳せ、三位・三沢淳（投手・江津工高）は優勝した七四年、松本、星野に次ぐ一一勝九敗を挙げている。

七二年の一位・鈴木孝政（投手・成東高）は阪急の山口高志とともにスピードガン時代の申し子と言っていい。テレビ画面に「150」のスピードガン表示を映し出し、晩年の王貞治が鈴木の高めのボールを空振りするシーンも鮮明に覚えている。私がフジテレビの野球中継に関わっていた二〇〇三年に酒席をともにしたとき、一学年下の江川卓《すぐる》（作新学院高）とどっちが速かったですかと聞いたことがある。鈴木さんは躊躇なく、「スピードなら私のほうが速かったです」と断言した。「他のコントロールとか変化球なんかは全然勝負にならなかったですけど」と注釈をつけながら。

七四年の中心選手の中にはこの五年間に獲得した選手が多くいる。『プロ野球データ事典』（坂本邦夫著、PHP研究所）によると野手は、二番・島谷（三塁手）、五番・谷沢（一塁手）、六番・大島（中堅手）、投手は松本、星野、三沢、稲葉、鈴木、渋谷《しぶや》幸春《ゆきはる》（六九年八位）という顔ぶれ。

一方の巨人には野手は一番・高田繁（左翼手）一人で、投手は堀内恒夫、関本四十四《しとし》、小川邦和、小林繁、玉井信博がドラフト組。質量とも中日が圧倒し、七四年にV10が阻止されることがよくわかる。

この頃のドラフトは指名する順番を決める予備抽選がまずあり、一般に「予備抽選時代」と呼ばれている。六八年を振り返ると、抽選する順番は東映、広島、阪神、南海、サンケイ、東京（オリオンズ）、近鉄、巨人、大洋、中日、阪急、西鉄だった。そして、巨人より順番があとの大洋、中日、阪急、西鉄がいい指名をしている。

大洋は一〇〇勝超えを記録し、最多勝、勝率一位にも輝いた野村収《おさむ》（投手・駒沢大）、中日は星野以下、水谷、大島、島谷、阪急は名球会トリオの山田久志（投手・富士製鉄釜石）、加藤秀司（一塁手・松下電器）、福本豊（外野手・松下電器）、西鉄は二五〇勝超えの東尾修（投手・箕島高）と強打者・大田卓司（外野手・津久見高）である。

それに対して巨人は、私の成功基準、投手の「三〇〇試合登板」だけをクリアした田中章（投手・日本通運）が成功選手に名をとどめる。他球団の一位は東映が名人遊撃手として名高い大橋穣《ゆたか》（亜細亜大）、広島がのちの〝ミスター赤ヘル〟山本浩二（外野手・法政大）、阪神がこの年の人気ナンバーワン、田淵幸一（捕手・法政大）、南海が山本、田淵とともに〝法大三羽烏〟と呼ばれた富田勝（三塁手）、ロッテが二〇〇〇安打を記録する有藤道世（三塁手・近畿大）と錚々たるメンバー。サンケイ、近鉄、巨人だけが寂しい。

このドラフト草創期、巨人にはV9の原動力になる王、長嶋をはじめとして中堅・ベテラン世代に実力派が揃っていた。今のプロ野球界なら強いときほど準備をしないと空白期（暗黒時代）が訪れることを、わかる球団はわかるが、五十年前は過去のデータがなかった。巨人は常勝の上にあぐらをかき、中日は懸命に成功戦略を練って、試行錯誤した。

九八年以降の「過去二十年」を見ると、中日は落合GM以前から高校生を見る目がない。成功しているのは朝倉健太（投手・東邦高）、土谷鉄平（内野手・津久見高）、高橋聡文、平田良介の四人だけ。土谷は登録名を「鉄平」と変えた楽天時代以降、素質が開花しているので、厳密に言えば中日の成功選手ではない。

高校生が活躍しない現状に業を煮やしたのか、〇四年は十一人指名した中に高校生がゼロだった。他球団にはダルビッシュ有（日本ハム）、涌井秀章（西武）がいたが、もしダルビッシュが中日に入団していたらどうなっていただろうと想像するのは何だか怖い。

九三年には一位で平田洋（投手・豊田大谷高）が入団しているが、通算成績は二試合に登板して〇勝一敗、防御率三二・四〇だった。どうしてこんな嫌がらせのような紹介をするのかというと、十数年前、PL学園の黄金時代を築いた中村順司さんに「対戦した中で一番球が速かったピッチャーは誰ですか」と聞いたら、即答で「豊田大谷の平田」と返ってきた。

中村さんは「体がゴムまりみたいに跳ねて、ボールの伸びが凄かった。一番速かったです」と仰った。私が言うのではない、高校球界ナンバーワンの名将が言うのである。それが中日では二試合しか登板できず、一勝もできなかった。その前年には甲子園にも出ていない野口茂樹（投手・丹原高）が三位で入団し、九九年には一九勝を挙げてリーグ優勝に貢献している。強かった中日を支えた山本昌、今中も高校卒である。彼らの成功／失敗に確かな法則はない。

ただ他球団も見回して思うことは、やっぱり高校生は「ゼロか百か」なのである。リスクはあっても「ハイリターン」を見込まなければ球団に輝かしい未来はやってこない。そして、もう一度落合GM戦略を振り返ると、過去のデータを読み込んで「このチームで高校卒は活躍できない」と思い込んだのだろう。その思い込みが社会人偏重につながっていった。

一八年限りで森監督が辞任し（フロント入り）、後任には与田剛が就く。『プロ野球スカウティングレポート　2009』（アスペクトムック）という本の中で対談したとき、国内外の豊富な知識に驚かされた。「素材だけがいい選手に技術を教え込んだら一六〇キロの速球投手は作れますか」と聞くと、「不可能ではない」と返ってきた。「かなりの部分まではトレーニングで突き詰めていける」と言うのである。そして最後に付け加えた「方法を間違えると潰れてしまう」が私には頼もしかった。期待している。

阪神タイガース

TIGERS

藤浪晋太郎の復活に期待！　もがき苦しみながら、再生してほしい。

創　設	1935年12月10日創立
本拠地	阪神甲子園球場
セ・リーグ優勝	5回
日本シリーズ優勝	1回
2018年	62勝79敗2分　第6位

ドラフト草創期の指名は見事

二リーグ制になった一九五〇年以降、監督の交代が速い。代行も含めて二十二人・二七回。巨人の九人・一二回（一九年就任の原辰徳監督を含む）のほぼ二倍である。さらに藤本定義、金田正泰、後藤次男、村山実、吉田義男が二回以上監督に就いている（吉田は三回）。人材がいないわけではない。「名門・阪神にふさわしい人物」という高いハードルが実績重視に走らせ、ネームバリューの高い人材の再登場につながっているのだろう。不成績になったら「名門・阪神にふさわしくない」と短期間で首が飛び、新たな監督探しに追われる。巨人の倍の有名人が、有名人の割に簡単に就いたり辞めたりしている、それが過去七十年近く繰り返されている阪神の監督交代劇である。

金本知憲監督はよかった。私が感動したのは毎日新聞に掲載された就任インタビューの言葉。「ドラフトですぐ使える便利屋のような選手を多く取る球団の体質が、生え抜きが育たない要因。盗塁王、四番打者、エースになれる選手を取ろうとフロントに言っている」

これは金本監督が辞任したあとも阪神球団の座右の銘にしてもらいたい。

ドラフト草創期の指名は見事だった。六五年（第一回）に藤田平《たいら》（遊撃手・市和歌山商高）を二位指名、それ以降、六六年一位・江夏豊（投手・大阪学院大高）、六八年一位・田淵幸一（捕手・

法政大)、六九年一位・上田二朗(投手・東海大)、七一年一位・山本和行(投手・亜細亜大)、七三年一位・佐野仙好《のりよし》(三塁手・中央大)、同年六位・掛布雅之(三塁手・習志野高)……このあたりまでに阪神が指名した選手は「すぐ使える便利屋のよう」ではない。一人ひとりのスケールが大きいのが一目でわかる。

藤田、江夏は名球会の基準「二〇〇〇安打、二〇〇勝(二五〇セーブ)」をクリアし、田淵は王貞治の十四年連続本塁打王を阻止する本塁打王を一回、掛布は本塁打王三回、打点王一回を獲得し、球団の顔だった。

それが、七五年以降の指名は草創期のようなスケールがなくなった。七九年一位・岡田彰布(三塁手・早稲田大)、八九年五位・新庄剛志(内野手・西日本短大付高)、九六年一位・今岡誠(二塁手・東洋大)、九七年二位・井川慶(投手・水戸商高)、九八年一位・藤川球児(投手・高知商高)、一二年一位・藤浪晋太郎(投手・大阪桐蔭高)と逸材は出るが、年代を見ればわかるようにその出方が散発的である。

私が設定するプロでの成功基準「投手は三〇〇試合登板、五〇勝(一セーブ、一ホールドは〇・五勝)、野手は一〇〇〇試合出場、五〇〇安打」を超えたのは過去五三回中、五十七人。高校卒十三人、大学卒二十三人、社会人出身二十一人という内訳である。高校生が少ないのがすぐわかる。ドラフト草創期は藤田、江夏、掛布がいたのである。それが過去三十一年間で四人しか出ていない（井川、藤川、大和《やまと》、藤浪）。これが近年の阪神からスケールが失われている原因の一つである。

金本ドラフトの明と暗

捕手・鶴岡一成、藤井彰人《あきひと》、一塁・ゴメス、二塁・上本博紀、三塁・今成亮太、遊撃・鳥谷敬《けい》、外野・福留孝介、マートン、江越大賀、大和、投手・能見篤史、メッセンジャー、岩田稔、福原忍、藤浪晋太郎、安藤優也、呉昇桓《オスンファン》……。金本の就任直前、一五年のメンバーである。

この中に生え抜きの高校卒は大和と藤浪だけ。生え抜き自体、十七人中、上本、鳥谷、江越、大和、能見、岩田、福原、藤浪、安藤の九人しかいない。移籍選手が鶴岡、藤井、今成、福留、外国人がゴメス、マートン、メッセンジャー……。彼らが主力だった和田豊監督時代の一二〜一五年の成績は五位→二位→二位→三位と悪くないし、たいしてよくもない。

八七〜〇二年の十六年でAクラスが一回だけという暗黒時代と比較しての評価だから、判断基準そのものが歪んでいる。最下位に沈んだ一八年はというと、野手は捕手・梅野隆太郎、一塁・ロサリオ、二塁・糸原健斗、三塁・大山悠輔、遊撃・北條史也《ふみや》、植田海《かい》、外野・糸井嘉男、福留、俊介、中谷将大《まさひろ》で、投手はメッセンジャー、小野泰己、岩貞祐太、才木《さいき》浩人、藤浪、秋山拓巳、能見、藤川球児、桑原謙太朗、ドリスたちである。二十人中、生え抜きが十四人で、このうち高校卒は七人。金本監督でかなり変わったことは間違いない。

その変化をドラフトで見てみよう。監督に就任したのが一六年で、ドラフトで采配を振るうのは一五年。ここから一七年までの指名をすべて見ていこう。

◇一五年……一位・髙山俊（外野手・明治大）、二位・坂本誠志郎（捕手・明治大）、三位・竹安大知《だいち》（投手・熊本ゴールデンラークス）、四位・望月惇志（投手・横浜創学館高）、五位・青柳晃《こう》洋《よう》（投手・帝京大）、六位・板山祐太郎（外野手・亜細亜大）

◇一六年……一位・大山悠輔（三塁手・白鷗大）、二位・小野泰己（投手・富士大）、三位・才木浩人（投手・須磨翔風高）、四位・浜地真澄（投手・福岡大大濠高）、五位・糸原健斗（遊撃手・JX－ENEOS）、六位・福永春吾（投手・四国アイランドリーグ徳島）、七位・長坂拳弥《けんや》（捕手・東北福祉大）、八位・藤谷洸介（投手・パナソニック）

◇一七年……一位・馬場皐輔《こうすけ》（投手・仙台大）、二位・髙橋遥人《はると》（投手・亜細亜大）、三位・熊谷敬宥《たかひろ》（遊撃手・立教大）、四位・島田海吏《かいり》（外野手・上武大）、五位・谷川昌希（投手・九州三菱自動車）、六位・牧丈一郎（投手・啓新高）

この指名を見て、とても「うまい」とは言えないが、それまでの即戦力・投手志向にくさびを打ち込んだことは間違いない。高山、大山という野手の一位指名が続き、一七年も馬場の前に清宮幸太郎（一塁手・早稲田実高）、安田尚憲（三塁手・履正社高）を入札しているのだ。野手出身監督でも、ここまで野手の指名にこだわる人は珍しい。

意図がわからなかった指名もある。一五年は坂本、青柳、板山、一六年は糸原、一七年は高橋、熊谷。一六年の大山にしても、「二位でよかったのでは」と思った。その後、糸原がレギュラーになり、大山も一位指名らしくチームのクリーンアップに定着しようとしている。「どうしてこの人を？」と思いながら、金本監督の慧眼には何度も驚かされてきた。ドラフトで獲った選手をすぐに起用するところはそれまでの阪神の監督には見られなかった美点で、抜擢が遅れがちな高校卒も望月を三年、才木を二年で一軍の戦力にしている。北條も植田も一軍に上げて起用したのは金本監督である。

監督がスカウティングに口を出さないほうがいいに決まっているが、監督が口を出さなくてもフロントのトップが口を出すのが阪神である。一一年のドラフト前、阪神のスカウトが「高橋周平を一位で指名したいんだけど」とぼやくのを聞いた。どうやら、伊藤隼太（外野手・慶応大）の一位入札がトップダウンで決まっていたようだ。

伊藤はいい選手だが、高橋周に入札したのちの外れ一位でもよかった。球団社長が慶大ＯＢだから一位入札は慶大の伊藤、では真意が別のところにあっても背景に学閥があると思われてしまう。こういう球団にあって、金本監督の「盗塁王、四番打者、エースになれる選手を取ろう」という口出しは好感を持てた。

金本がフロントトップに強い態度で接することができたのは、三顧の礼で迎えられたからだ。逆に言えば、子飼いの中から選ばれた監督は上の言いなり、という伝統が見える。矢野燿大《あきひろ》新監督は強い要望を伝えられる監督になれるだろうか、そもそも、こういうチームを作りたいという「強い要望」があるのだろうか。

T 今岡、関本、濱中……野手が一位から三位まで

一八年、矢野が指揮を執った阪神のファームは巨人を破って日本一になった。しかし、陣容を見ると若くない。

[捕] 長坂拳弥　二十四歳
[一] 西田直斗　二十五歳　※退団
[二] 板山祐太郎　二十四歳
[三] 今成亮太　三十一歳　※退団
[遊] 熊谷敬宥　二十三歳

［外］島田海吏　二十二歳
江越大賀　二十五歳
高山俊　二十五歳

この野手の中に一八年シーズン終了後に戦力外を通告された選手が二人いる。そして残りの六人はすべて大学卒で年齢は二十二〜二十五歳に集中している。二十三歳以下の高校卒野手を探すと植田しかいない。在籍する三十四人の野手を見ても生え抜きの高校卒は六人しかいないのだ。広島の十五人とくらべると明らかに少ない。

投手は、主力に二十五歳以下の高校卒、藤浪、望月、才木が揃っているのが大きい。三人とも一五〇キロのストレートを投げる本格派で、一八年に才木は六勝、藤浪は五勝、望月は勝ち負け、セーブ、ホールドも付かなかったが三七試合に登板して防御率四・三〇という数字を残している。この若手を前面に押し出したチームに作り替えていくことができるのか、矢野新監督は最初から難しい選択を迫られることになりそうだ。

これらのことを踏まえて、過去のドラフトの中で手本となる年があったかどうか調べてみたら、吉田義男などが指揮を執っていた九六〜九八年がそういう年だった。

◇九六年……一位・今岡誠、二位・関本賢太郎（内野手・天理高）、三位・濱中治（外野手・南部高）、四位・星山忠弘（投手・日本文理大）
◇九七年……一位・中谷仁（捕手・智弁和歌山高）、二位・井川慶、三位・橋本大祐（投手・富士大）、四位・坪井智哉（外野手・東芝）、五位・山岡洋之（投手・東北福祉大）、六位・奥村武博（投手・土岐商高）
◇九八年……一位・藤川球児、二位・金澤健人（投手・NTT関東）、三位・福原忍（投手・東洋大）、四位・部坂《へさか》俊之（投手・東芝府中）、五位・寺田祐也（内野手・静岡高）

高校生主体でありながら、大学生の今岡、福原を一〜三位で抑えてバランスを取り、社会人の坪井、金澤も成功に導いている。九六年は一〜三位の全員が野手の指名で、驚くべきことに全員が私の設定する成功基準をクリアしている。阪神球団としては空前絶後である。

この年の他球団を見るとダイエーも一〜三位が野手だった。一位・井口忠仁（遊撃手・青山学院大）、二位・松中信彦（一塁手・新日鉄君津）、三位・柴原洋（外野手・九州共立大）で、スケールの大きさでは阪神を上回る。この時期、ダイエーのスカウトを担当していた上田卓三（二〇〇〇年に球団代表を務める）に話を聞いたことがある。

一位井口、二位松中、三位柴原のプランはフロントトップの根本陸夫も了承していて、監督の王貞治が文句を言っても俺が食い止めるから交渉を進めろと指示されたらしい。王監督は十九年連続Bクラスの渦中にいたため当然、即戦力投手の獲得を熱望したが、結果は上位三人が全員野手だった。王監督はどうだったですか、と聞くと上田さんは「めちゃくちゃ怒られましたよ」と笑っていた。どうも根本は食い止めてくれなかったらしい。

私が理想とするドラフトはこれである。フロントが率先してチームを作り、監督は与えられた戦力で最善の結果を出す。根本はこうして西武とダイエー（ソフトバンク）を最強軍団に作り変えた。話を阪神に戻すと、金本のスカウティングに口を出す態度はよくない。しかし、フロントトップにドラフトを牽引する力がなければ監督が（チームの未来を俯瞰して）ドラフトに関わっていくのは仕方ない。金本監督は三年で幕を下ろしたが、再び阪神に戻ってくることがあるとしたらフロントの要職で迎えるべきだろう。そっちのほうが向いていると、勝負より育成を重視した三年間を見て思った。

一八年のドラフトはチーム打率・二五三（リーグ五位）、本塁打八五（同六位）の貧打を解消する方向に向いていただろうか。金本が就任する以前の特徴がはっきりしない即戦力投手の上位指名は、阪神の置かれている芳しくない状況を改善しない。そういう意味では一位近本光司（外野手・大阪ガス）、二位小幡竜平（遊撃手・延岡学園）、三位木浪聖也（遊撃手・Ｈｏｎｄａ）と野手を上位に並べた指名は評価していい。

人生で必要なことはすべてドラフトで学んだ

「ドラフトの記事なんて誰が読むんだ」と言われた時代から、ドラフト会議倶楽部を立ち上げる。〝セ高パ低〟だった日本プロ野球は、アメリカ発のイノベーションで変貌が止まらない。ドラフト第一人者が体験したプロ野球革命史。（写真は小関順二所有）

月刊ドラフト情報

DRAFT CONFERENCE CLUB

TEL 03（5991）0120

年会費3000円

間近に迫るドラフト会議！

今年のヒーローは野茂英雄、元木大介の浪速コンビだ

ドラフトの記事なんて誰が読むんだ

私が大学四年生だった一九七四（昭和四十九）年のプロ野球界は前年まで日本シリーズ九連覇を成し遂げた巨人が実力も人気も圧倒的に高く、試合がある日なら相手の本拠地であろうがなかろうがテレビをつければ巨人戦が映り、視聴率はコンスタントに一五パーセント以上を叩き出していた。巨人人気がさらに跳ね上がったのが川上哲治監督から長嶋茂雄監督に代わった七五年。チームは以前ほど勝てなくなったが、視聴率は二〇パーセント台に達し、観客動員は今のような実数発表でないにしろ前年より三十万人近く増えた。

この七五年、大学を卒業した私は企業に就職をせず、フリーランスで男性週刊誌や旅雑誌に記事を書き、結構忙しくしていた。この年の十月頃だろうか、週刊現代の編集者に「ドラフトの特集をやりませんか」と提案したことがある。今ならドラフトの話題はスペースの大小こそあれ、どの男性週刊誌でも取り上げる話題だが、その編集者は首を振りながら「日本シリーズの記事だって興味を持たれないのに、ドラフトの記事なんて誰が読むんだ」と言った。

二十年くらい前、あるスポーツライターは、「昭和四十年代のプロ野球を知らないのはプロ野球の黄金時代を知らないのと同じだ」と大見得を切った。巨人という球団に焦点を合わせればその通りだが、プロ野球界全体を見れば昭和四十年代が黄金時代だったとはとても言えない。

〝黒い霧事件〟で揺れた昭和四十五（一九七〇）年の観客動員数を見ると、百万人を超えているのは巨人（二五〇万七〇〇〇人）と阪神（一〇五万五五〇〇人）の二球団だけ。パ・リーグの近鉄は三九万六八五〇人、阪急（現オリックス）は三四万七〇〇〇人という低空飛行で、セ・パ合計は九五八万一二八〇人。二〇一七年はどうかというと、セ・リーグは一四〇〇万人、パ・リーグは一一〇〇万人を超え、両リーグ合わせて二五一三万九四六三人の大入りだった。

巨人が六連覇した四十七年前と比較すれば二・六倍強という盛況ぶりである。これを見れば週刊現代編集者の「ドラフトの記事なんて誰が読むんだ」は至極まっとうな意見で、ドラフトおたくの提案が却下されたのも理解できる。「昭和四十年代がプロ野球の黄金時代」というほうがおかしいのだ。

フリーの記者生活に数年で見切りをつけ、就職して実用書の編集者となったのが二十七歳のとき。身辺の野球環境はテレビのプロ野球中継がせいぜいという当時の私に、プロ野球を身近に感じさせてくれたのが一九七九年にプロ野球に参画した西武ライオンズだった。

西武ライオンズから電話が！

身辺から遠ざかりつつある野球を無理やり留め置こうとしたのか、二十七歳だった一九七九年、横罫のレポート用紙を使って「ドラフトレポート」というものを作成した。スポーツ紙や週刊べースボールなどの活字媒体で得たアマチュア球児の情報を自分の基準でランク分けするという芸のなさで、分量は三〜五枚くらい。それをコピーしてプロ野球十二球団宛てに郵送した。

どんな選手がドラフト候補だったのかというと、早稲田大の三塁手、岡田彰布がアマチュア球界最大のスターで、木田勇（日本鋼管）、牛島和彦、香川伸行（ともに浪商高）も人気があった。☆印、⊙印、◎印などでランク付けするやり方は今も変わらず、選手の名前を羅列した横にそれらの記号を付けるだけでレポートが華々しくなるような錯覚に陥り、ポストに入れるときは胸がどきどきした。それによって運が開けるという将来設計はまったくない。ただ、ドラフト好きの虫が疼《うず》き、誰かに見てもらいたい一心だった。

レポートを郵便ポストに投函して二か月くらい過ぎた頃、私は投函したことさえ忘れ、日々の編集作業に追われていた。そんなとき会社の電話が鳴り、鈴木さんという方から電話があった。その人は「西武鉄道広報課の鈴木という者です」と名乗り、私はすぐにあのレポートを見てくれたのだと思った。

もう四十年近く前の話なので細かい会話は覚えていない。私はただ「恥ずかしいものを送ってすみませんでした」と受話器にぺこぺこ頭を下げ、鈴木さんは「スカウトの毒島《ぶすじま》にも見せたらこれは素晴らしいという話になりまして、是非球場のほうにも遊びにきてください」と百パーセントの賛辞を贈ってくれた。

門外漢が球団の親会社の広報課長から「素晴らしい」と言われればお世辞とわかっていても嬉しくないわけがない。レポートを球団宛てに送ったときの「認められたい」という渇望感はきれいに消えていた。そして電話から数日後、私のアパートに西武ライオンズから段ボール二箱が届き、その中にはフェイスタオル、バスタオル、ペンケースなどライオンズグッズがぎっしり詰め込まれていた。

球界に参画した一九七九年から最下位↓四位↓四位と下位を低迷したあと、八二年から九二年までの十一年間で優勝九回、日本一・八回という圧倒的な成績を残し、日本シリーズで退けたセの覇者は中日、巨人、広島、ヤクルトの四球団。

巨人のV9以降、最も強さを発揮したのが西武で、その最大の功労者が監督を務めた広岡達朗、森祇晶《まさあき》両氏であることに異議はないが、私のような末端の情報提供者にもアンテナを張って連絡を取ってくるフットワークのよさこそ、この時期の西武の強さの秘密だったと思う。

ちなみに、「スカウトの毒島」とは東映フライヤーズ（現・日本ハムファイターズ）が一九六二年に日本一になったときの三番打者、毒島章一さんのことで、福本豊（元阪急）に破られるまで一〇六個の通算三塁打は日本記録だった。また通算安打は名球会入りに二三本足りない一九七七安打。二千安打未満としては飯田徳治の一九七八安打に次ぐ〝未踏／寸前記録〟である。

それから約二十年後、野球雑誌の編集者として毒島さんを取材する機会があった。縁があったのだろう。レポートの話は最後までしなかったが、最後のほうで「プロ野球選手になって一番よかったことは何ですか」と聞いたとき、「寄席の袖から志《し》ん生《しょう》を観たことですかね」と言われてずっこけそうになった。

同じ頃、立川談志《たてかわだんし》師匠を取材して毒島さんとは選手時代から仲がよかったことを知り、「袖から志ん生」が納得できた。要するに筋金入りの落語ファンだったのである。談志師匠の手引きで鈴本演芸場に入り込み、普通では見られない角度で名人、古今亭志ん生の噺を聞けばプロ野球選手の身分に感謝してもおかしくない。

「月刊ドラフト情報」を営業ツールに

西武鉄道の広報課長から電話をもらっても私は相変わらず実用図書の編集者として働き、野球とは縁遠い生活をしていた。会社の先輩から「それだけ好きなら野球の仕事をすればいいのに」と言われたことがあるが、バカにされたように思った。野球と縁遠い生活をしていても鈴木さんの電話以降、野球は生活の中心になっていた。その大事な野球で対価を得るという発想が私に欠けていた。二十代の後半に差し掛かっていてもまだ学生気分が抜けていなかったのだ。

結婚をしたのは数えで三十六歳になる一九八八年。週刊ベースボールの選手名鑑号や、夏に行われる各都道府県大会を展望した週刊朝日の増刊号が私の本棚にはぎっしり並べられていたが、結婚生活には関係ないと思い、前年号以外はすべて棄ててしまった。野球ライターにとって重要なのは取材と資料。何で棄ててしまったのかと今でも悔いが残るが、そのときは野球を商売にしようとは思わなかった。

野球を仕事にする転機になったのは妻が買ってくれたワードプロセッサーだ。ワープロで書いた原稿をプリントアウトして、それを台紙に貼って両面コピーすればタブロイド判の新聞ができるのではないかと思い、すぐ実行した。

最初はB５判のコピー用紙に横書きの二段で文章を貼りつけていく簡易版でスタートし、八号からはA３コピー用紙を半分に折ったA４判に縦書きの文字を貼っていき、当初目論んだタブロイド判に近い形になった。

その頃、私は前とは違う小さな出版社に勤めていて、バッグの中にはいつもこの「月刊ドラフト情報」を忍ばせていた。お金のない出版社で、デザイン料や印税の支払いが遅れることが常態化して、編集者がその謝罪に追われるというのがルーティン化。今なら「ブラック企業」と糾弾されていたような会社である。

中川惠司さんという著名なデザイナーの事務所へオールドパー持参で伺ったのは、ブックデザイン料支払いの遅れを謝罪するためだ。ひとしきり頭を下げ、来月の月末までにお支払いしますからと約束したあと、恐る恐るといった体《てい》で「月刊ドラフト情報」を出して、「こんなもんを個人で作っているんです」と見せた。中川さんはひとしきり頁を繰って、「やっぱりこういう芸がありましたか」と言い、「タイトル回りが子どもっぽいので私が作りましょう」と無料で請け負ってくれた。

このとき中川さんは本棚の隅のほうから昭和二十年代に作った手作りの雑誌を引っ張り出して見せてくれたのだが、これが中学生の作ったものとは信じられない代物だった。

私が小学校に入る前の昭和三十年代初頭、子どもたちは道路に捨て置かれている鉄くずや古釘を集めて五円、十円のお金に換えていた。それよりさらに前、中川少年はコカ・コーラを色彩豊かに描き上げ、POPEYE（ポパイ）風の洒落たレイアウトと一体化させていたのである。

この中川さんは池波正太郎のファンで、それが昂じて江戸と現在（一九八八年）の東京の地理を重ね合わせて見られる『復元・江戸情報地図』（本）、『江戸東京重ね地図細見一式』（DVD）という作品も残している。江戸ブームの現在、江戸と東京の地図を見開きのページで紹介するスタイルが一般的だが、その原型を作った人が中川さんである。こういう人に無料でタイトルまわりのデザインをお願いできたのだから嬉しかった。

畑田《はただ》国男さんも毎号どこかの雑誌に名前が載っている売れっ子で、兄弟・姉妹の生まれ順で性格が決定されるという「兄弟型」「姉妹型」をライフワークにしていた。週刊ベースボールに連載していた『兄弟型　プロ野球珍獣図鑑』の単行本化で縁ができ、印税の滞納でクレームを受け、大田区のお宅まで謝罪に伺ったというのが付き合いの始まりである。

中川さんのときと同様、来月の月末までにお支払いしますと約束したあと、バッグから「月刊ドラフト情報」を出して見せると、もとが『アンチ巨人読本』を出版するほどの野球好きなので印税滞納の話はとりあえずなくなり、一年後には『プロ野球 仰天驚愕ドラフト大真相』、三年後には『巨人軍は永遠に仏滅です』(ともに廣済堂ブックス)をドラフト会議倶楽部との共著で出版してくれた。

話は前後するが、一九八九年三月には原稿料なしで「月刊ドラフト情報 第九号」に寄稿していただき、そこには前年のドラフトを振り返りこんなことが書かれていた。

「B型・中間子は年々減っていく『滅び行く兄弟型』です。西武・森監督(B型)は常々、『これからは脇役を育てたい』と語っておりますが、まさにこのB型こそ自己を殺してチームプレイに徹することの可能な兄弟型。スタープレイヤーにはなれないが、必要不可欠の人材、B型を二人抑えたところに西武の手堅さ、渋さを見る思いがいたします。そしてA型・第一子長男を三人も獲ってしまったロッテと阪神はともに×です。セ・パ両リーグの最下位チーム。貧すれば鈍する、と申しましょうか、クジ運も勘も悪いのです」

二十年近い年月を経ても球団に対する評価って変わってないのかなあ、そんなことを思わせる文章である。畑田さんも中川さんも「月刊ドラフト情報」を作っていなければ縁ができなかった人たちだ。

今は情報交換、情報発信が紙媒体からネット配信に変わり、ビジネス感覚に優れた人が運営しているサイトが多いようだが、私が一九八〇年代後半から九〇年代初めにやっていた頃は完全な素人の集まりで、とくに私はドラフトという遊園地で楽しく遊んでいたような気がする。

あれから三十年が経ち、技術優先の観戦スタイルになっているところが変わった点だが、プロもアマも、ジュニアもシニアも本当によく見てきた。見るごとに野球は遊びではなくなり、観戦ノートは本棚の二列を占めるまでになり、二〇〇二年の夏以降はストップウォッチ持参で見るようになった。そして、どんなスタイルになっても野球は面白い。

第一回模擬ドラフト会議

ドラフト会議倶楽部を作ったのは野茂英雄（新日鉄堺）がドラフトの舞台に華々しく登場する一九八九年の前年である。川崎憲次郎（津久見高）、谷繁元信（江の川高）、野村謙二郎（駒沢大）がスカウトの人気を集め、今中慎二は所属が大阪桐蔭高校となっているが、前年までは「大産大高」と紹介されていた（正式には「大阪産業大学高等学校大東校舎」）。そんな時代である。

私がドラフト会議倶楽部を設立した最大の目的は、自分たちでドラフト会議を開きたかったからだ。そのためには最低でも十二人の会員が必要である。まず身近な友人をすべて会員に引っ張り込み、マスコミへの宣伝を狙い、レポート形式の簡易版を日刊スポーツ、スポーツニッポン、報知新聞、サンケイスポーツに送り、「購読したいか」「購読しないが毎号読みたいか」のアンケートを取った。残念ながら「購読したい」はゼロだったが、四社ともお金を出してまでほしくはないが「毎号読みたい」にチェックが入っていた。

了解、了解、それならドラフトの情報をどんどん流してやろうじゃないですか、それくらいの意気込みでマスコミの皆さんと付き合う覚悟を決め、第一回模擬ドラフト会議の開催予定を前述の四社に連絡した。

プロ野球のドラフト会議が行われる五日前の十一月十九日、友人の梛野《なぎの》順三、佐藤直樹、重野健一各氏とアルカディア市ヶ谷の会議室に集まり、第一回模擬ドラフト会議を開いた。四人なら喫茶店でやってもよさそうだが、事前にサンケイスポーツから取材に行くという連絡が入っていて、さすがに喫茶店はないだろうと見栄を張った。

四人がぼそぼそ話しているところへサンケイスポーツの女性記者がやってきたときの顔は今でも忘れられない。えっ？　という顔を隠そうともせず、「これだけですか」と言ったのである。

このときは私以外の三人がドラフトに不慣れだったため、私がイニシアティブを採りながら、合議制で各球団のドラフト指名選手を決めた。慶応大でリーグ通算三一勝一七敗の成績を残した左腕、志村亮がこのときの最大の注目選手で、それ以外では前にも書いた川崎憲次郎、谷繁元信、今中慎二たちを一位選手として以下のように各球団に振り分けた。

◇第一回模擬ドラフトの結果
阪神　中込　伸（神崎工高／阪神練習生・投手）
ロッテ　川崎憲次郎（津久見高・投手）
ヤクルト　渡辺　智男（ＮＴＴ四国・投手）
ダイエー　川崎憲次郎
大洋　野村謙二郎（駒沢大・遊撃手）
オリックス　渡辺　智男
広島　谷繁　元信（江の川高・捕手）
日本ハム　中嶋　治彦（王子製紙苫小牧・投手）
巨人　志村　亮（慶応大・投手）
近鉄　篠田　淳（大垣商高・投手）
中日　大豊《たいほう》　泰昭（中日練習生・一塁手）
西武　石井　丈裕（プリンスホテル・投手）
※重複選手の抽選はしなかった

途中、サンケイスポーツの女性記者に「少ないんで一か所に固まってください」と言われ、前方に寄ったところでバシャとカメラで撮られ、翌日の同紙には思案顔の四人が写った記事が掲載された。私にとって十一月十九日はドラフト記念日と言ってもいい。

正統派の指名をしたかった

第一回模擬ドラフト会議を紹介したサンケイスポーツに「ドラフトの裏と表」という短期連載があり、その内容のほうが今は興味を引く。「山口（大宮東）神宮でプレーしたい」「法大は進学の意思確認」という見出しがあり、記事の中には「甲子園に出られなかったから、神宮でやりたい。プロは人間として大人になってから考える」という言葉が紹介されている。山口とは大宮東高校の超高校級スラッガー、山口幸司のことで、その発言とは裏腹に山口は五日後のドラフト会議で中日の三位指名を受け、プロ入りしている。

この当時は今のように、事前にプロ志望届を提出する必要がなかった。西武の一位・渡辺智男、二位・石井丈裕もヒジの故障などを理由に会議前にはプロ入りの意思がないことを訴えながらプロ入り、前年の八七年には早稲田大への進学が固いと言われていた鈴木健（浦和学院高・内野手）が西武に一位指名されて〝密約〟と言われた。中日も明治大への進学が噂されていた上原晃

（沖縄水産高・投手）を三位指名して密約説が囁かれた。

翌八九年はドラフト会議倶楽部として迎える二年目の年で、十一月二十三日に行われた第二回模擬ドラフトには日刊スポーツ、サンケイスポーツ、読売新聞という三社の取材があった。模擬ドラフトが面白いというより、逸材と言われた野茂英雄（新日鉄堺）、潮崎哲也（松下電器）、佐々木主浩（東北福祉大）などが揃っていたことが彼らの取材欲を高めたのだろう。

指名方法はプロと同じである。全球団が一斉に入札し、指名が重なったらシーズン最下位のロッテ、大洋の順でクジ引きをして交渉権を争った。一番人気の野茂に入札したのはロッテ、大洋、日本ハム、阪神、オリックス、近鉄の六球団で、これはプロの八球団より少ない。

野茂を避けたのはダイエー、ヤクルト、西武、中日、広島、巨人の六球団で、三日後のドラフト会議では西武、中日、広島、巨人が避けているので、「野茂の指名回避」の情報がマスコミに流れていたと想像できる。「プロ野球のドラフトと同じ結果になればいい」とは思わなかったが、プロの向かう方向に影響を受けたことは間違いない。

前にも書いたが、この八九年と九二年のドラフトを見て、私は西武のファンをやめた。八九年は野茂を避けて潮崎哲也（松下電器・投手）を単独で入札、九二年は松井秀喜（星稜高・内野手）を避けて杉山賢人（東芝・投手）を単独入札した。潮崎も杉山もリリーフとして西武の黄金時代を支えたが、私にはチームのスケールアップを放棄したような無難な指名に見えた。

コラム

ドラフトの成果は十年後

一九六五（昭和四十）年からスタートしたドラフト会議に最初から反対していたのが巨人だ。それまでの自由競争時代、他球団への入団が決まりかけていた長嶋茂雄、王貞治を強引に入団にこぎ着けた実績があるのに、ドラフト会議が導入されたらそれができなくなる。この時期の巨人の情熱はいかにドラフトを骨抜きにするかに向けられていたと言っていい。

〝史上空前の豊作〟と言われた六八年、阪神に一位指名された田淵幸一（法政大）が阪神スカウトとの面会を拒絶する裏で巨人関係者と密会し、それがマスコミの取材で明らかになり非難の集中砲火を浴びたが、巨人側からすればドラフトに「スポーツとは縁遠い政治劇」というイメージを定着させることが重要だったので、非難はそれほど応えなかったと思う。

法政大の江川卓に起こった悪名高い〝空白の一日〟はさらにドラフトの骨抜きを狙った政治劇だ。前年指名した選手の交渉期間が今ドラフトの二日前まで、という野球協約にスキを見つけた巨人が本来なら事務処理に要するドラフトの前日に江川の入団を発表。鈴木龍二セ・リーグ会長がこれを却下すると、巨人は七八年のドラフト会議を欠席。結局、江川を一位指名したのは阪神で、その後両球団は江川－小林繁のトレードを成立させた。これもドラフトに対するプロ野球ファンの悪感情を煽ろうと画策したものと言っていいが、空白の一日事件以降、巨人離れしたファンが多かったのは想定外だっただろう。

なお、巨人が不在だった七八年のドラフトはそれまでの指名順位決定を先に行う「予備抽選」方式を廃し、球団がまず獲得希望選手を提出し、他球団と重複した場合は抽選する「選択方式」に改められている。巨人が江川を指名しやすくする配慮がなされていたと言っていい。

ドラフトに揺さぶりをかけた巨人だが第一回から一〇回までの十年間、指名した選手で成功したのは十一人。この数はヤクルト（十九人）、広島（十三人）、中日（十三人）に劣る。

ドラフトが導入された六五年から巨人のV9がスタートしたため「戦力の均衡を狙ったドラフトでも平等にならないのか」という声が挙がったが、十年目の七四年に巨人の常勝が途絶え、翌年には球団史上初の最下位に転落した。七四年には中日が二十年ぶり二度目、七五年には三年連続最下位だった広島が球団史上初の優勝に輝き、私の中で「ドラフトの成果は十年目に現れる」という法則が出来上がった。

パ・リーグでも同じような現象が起こっている。常勝球団の南海に代わってリーグの盟主になったのはそれまで三位以下のBクラスが定位置だった阪急だ。六五年に長池徳二（一位・外野手）、六八年に山田久志（投手・一位）、加藤秀司（一塁手・二位）、福本豊（外野手・七位）などを獲得、ドラフトでチームを強くするという手本を示した。

酒を飲んでドラフトの話をしたい！

私にとってドラフトはオールスターゲームや日本シリーズを上回り、プロ野球のあらゆる行事の中で最も愉快で楽しいイベントだ。しかし、私のようにドラフトに熱中する人間はこの世の中に少なかった。酒を飲んで野球のことが話題になっても、盛り上がるのはペナントレースの順位争いやホームラン王や最多勝を誰が獲得するのか、あるいは王貞治と江夏豊の一騎打ちに思いを巡らすぐらいがせいぜいだ。

名古屋出身者と飲めば中日の話題になり、大阪出身者と飲めば阪神の話題になる。私は全方位で話せるからどうしても話を相手に合わせるクセがあり、そういう日常が物足りなかった。

大学四年のとき母校の日大を応援しようと神宮球場に出かけ、駒沢大の中畑清、平田薫、二宮至（現・星槎《せいさ》道都《どうと》大監督）のプレーを見たときのことだ。外野手の二宮が、ヒットで出塁した打者走者が一塁ベースをオーバーランするのを想定し、レフトから一塁に大遠投した。補殺は取れなかったが、これを見ていた私のそばの観客が「あいつまたやりやがった」と言った。ドラフト外で巨人入団後の二宮は活躍できなかったので、大学時代に強肩で売っていたことを知る人は少ないが、そういう話を私はしたかった。

ドラフト会議倶楽部に会員が続々と入ってくるのを見るのは快感だった。スポーツ紙の人たちが面白がって模擬ドラフトの結果を紹介してくれたとき、ついでに「会員募集中」と付け加えてくれたのだが、まさかそれだけで入会希望者が集まるとは思わなかった。それが、集まった。

八九年の七月三日に発足一周年パーティーを開き、十一月二十三日の第二回模擬ドラフトの様子はサンケイスポーツ、日刊スポーツ、読売新聞に掲載された。これらの記事を読むと、「会員もスタート時の二人から六十二人に激増した」、「(月刊ドラフト情報の発行部数は) 現在は七〇部。会員が百五十人になり二〇〇部になったら印刷したいという」など、今は忘れてしまった当時のあれこれが書かれている。これらの新聞各紙の記事掲載が倶楽部の拡大に貢献してくれた。

二年目の一九九〇年に発行した「月刊ドラフト情報一九号」の最終面にはサッポロビールの広告を掲載した。中畑清 (巨人)、宇野勝 (中日)、ブライアント (近鉄) の三人がSAPPORO DRAFTの缶ビールを笑顔で飲んでいる写真を覚えている人がいるかもしれない。あの広告である。銀座にあるサッポロビールの本社を訪ね広報の女性に広告の掲載を直談判した。「何部発行されているんですか」と聞かれ、ちょっと盛って「二百部」と答えると、広報の女性はしばし下を向いて思案し、「その部数では広告の掲載料は払えませんね」と言うので、「わかりました。お金は結構です。その代りイベントが年に二回あるのですが、そのとき缶ビールを一回ごとに百本提供してくれませんか」と言うと、意表を突かれた顔をしたあと、それくらいならと笑顔で即決していただいた。バブル景気の終焉が近いと言っても、されどバブルである。

「あなた買います」ならぬ「この選手買います」

『プロ野球 仰天驚愕ドラフト大真相』『巨人軍は永遠に仏滅です』（廣済堂ブックス、畑田国男&ドラフト会議倶楽部）を出版し、少しずつ名前が露出していったが、個人名でメジャーデビューしたのは一九九三年春だ。センバツ大会期間中の日刊スポーツ紙上に「この選手買います」というコラムを短期連載した。ドラフト会議がまだ導入されていなかった一九五五年オフ、複数球団によって演じられた穴吹《あなぶき》義雄（中央大）獲得騒動は小説、映画にもなっていて、そのタイトルが『あなた買います』。日刊スポーツのタイトルはもちろんそれを拝借したものだ。

センバツ大会で敗退した中から毎日一人の選手を取り上げ、技術的な長所や甲子園で取材する記者たちの噂や声を集めて記事にした。取り上げた選手は、岡島秀樹（投手・東山高→巨人など）、橋本一博（投手・智弁学園高）、平井正史（投手&打者・宇和島東高→オリックスなど）、広田庄司（投手・海星高→立正大→日本通運→ダイエー）、金進一（投手・北嵯峨高）、嶋重宣（投手&打者・東北高二年→広島）、金子誠（遊撃手・常総学院高→日本ハム）、佐藤充（投手・駒大岩見沢高→巨人など）、池本陽輔（投手・国士舘高）、平尾博司（遊撃手・大宮東高→阪神など）の十人。

岡島なら「金田タイプのカーブ。素人目に六〇センチも七〇センチを落ちているように見える。（中略）育英（兵庫）の鈴木啓示《けいし》（現近鉄監督）、大阪学院の江夏豊と近畿地区はかつて黄金の左腕を続々とプロ野球界に送り込んだ。その黄金の系譜が途絶えて久しい。高校野球大好き人間としては、その系譜を継ぐ投手の夢を岡島に託したい」と書いた。

岡島のときは本文だけで五段（一二字×四四行）のスペースをもらい、記事の周りは「＄」記号がつらなる飾り罫で飾られ、「ドラフトオタクがイチ押し」というキャッチが飾り罫の中に紛れ込んでいるという体裁。無名のライターとしては破格の扱いだろう。

私を推薦してくれたのが現在、@fukudasun のツイートで人気の福田豊さん。甲子園では他社が早々と撤収するのに東京本社のGOサインが出ない私の原稿のために遅くまで付き合ってくれた。私はこのとき編集プロダクションに勤務する単行本の編集者なので文章は起承転結にこだわっていた。それを福田さんは「新聞は結から書いてください」と言い、冗長になりがちな私の原稿に道筋を立ててくれた。

このときのプロフィールを見ると、「『月刊ドラフト情報』には全国に散る百八十人の会員からの情報をもとにプロスカウトも顔負けのドラフト候補選手リストを掲載～」とあるので、創立五年で目標だった二百人規模に近づいていたことがわかる。

この短期連載コラムで取り上げた中から岡島、平井、広田、嶋、金子、佐藤、平尾がプロへ進み、岡島、平井、嶋、金子、佐藤、平尾は記憶に残るプレーでファンを魅了した。野球を書くことに自信を得た仕事で、このときはまだ四十一歳だった。

『問題だらけ〜』はベストセラー狙い

「小関順二」で単行本デビューしたのは四十五歳になる一九九七年だ。書名は『ドラフト王国』（蒼ブックス）。自分のアップの写真をカバーに使い、サングラスに高校野球のプレーが写るという凝ったデザインにしてもらった。それほど売れるとは思わなかったが、一回重版した。単行本の世界は七割売れてとんとん、重版すればそこから儲けが出るというのが常識だ。

九九年には『小関順二の必殺ドラフト』（千草書房）を十一月に出版。この頃は野球の雑誌を専門に企画、執筆するデポルテという編集プロダクションに勤め、日々野球を活字にする生活に追われていたが、『〜必殺ドラフト』を出した直後、会社に草思社の編集者の方が訪ねてきて本を出さないかと言われ、ここから人生が大きく変わった。

この頃の草思社は自社ビルが千駄ヶ谷に聳《そび》え立ち、毎年のように百万部を超えるミリオンセラーを出す出版社として知られていた。『間違いだらけのクルマ選び』（徳大寺有恒）、『声に出して読みたい日本語』（齋藤孝）と聞けば、「ああ」と膝を打つ人が多いと思う。雑誌を持たず単行本だけで勝負する姿勢は潔く、「理想の出版社は草思社」と言う出版人も少なくなかった。そういう出版社から本を出さないかと声が掛ったのだ。断るはずがない。「わかりました。ありがとうございます」と言ったあとの展開が急だった。

話がきたのは『〜必殺ドラフト』を出したばかりの十一月である。それが翌二〇〇〇年の三月に出したいと言うのだ。さすがにそれは無理ですと断ったが、草思社の編集者から「私はベストセラーを考えています」と言われてさらに驚いた。

「ベストセラーって、重版した『ドラフト王国』だって七千部しか売れてないんですよ」と言うが、「売れます」と編集者は断言する。しかし、仕事と並行して二三二ページの本を二か月ちょっとで書くことは不可能だ。同席していたデポルテの横山正健《まさたけ》社長も、個人の本を書くために社員が仕事を休むわけにはいかないという。

そこでこの本をデポルテで請け負うことにした。編集費が五十万円、印税を著者の私が七割、デポルテが三割と決め、一月の約半月間を浅草ビューホテルに缶詰めになってとにかく書き上げる、そういう取り決めがその場でできた。

本は売れた。毎週のように自宅に重版の知らせが郵便で送られ、重版は七刷を数えた。編集者として何百冊という本を作りそのどれよりも売れたのだから、それまでの著者の方たちに申し訳ない気持ちになった。『プロ野球問題だらけの12球団』は年度版となって、二〇一九年でシリーズ二〇冊目となる。二十年続いたということである。今でもプロ野球の本は巨人とか阪神とか、一つの球団を取り上げることはあっても、十二球団を均等なページを割いて批評することはない。そういう希少性が支持されたのだと思う。

大阪のラジオで朝まで話して

この『問題だらけ〜』シリーズが二〇〇〇年からスタートし、その前年の一九九九年にはCS局のスカイAによるドラフト会議の中継の解説を担当しているが、これも二〇一八年で二十年目を迎えた。初代プロデューサーの岩下隆さんが週刊ベースボール編集部を訪ねドラフトの解説をお願いしたらしいが、当時の編集長から私を紹介され、水道橋の喫茶店、ルノワールで会ったというのが縁の始まりだ。

岩下さん、二代目プロデューサーの太田元治さんはABC朝日放送の有名なスポーツアナウンサー出身で、私が嬉しかったのは東京のテレビマンとはついに実現しなかった友達付き合いができたということ。太田さんとは二〇〇二年の阪神の安芸キャンプだったと思うが、雑誌の取材で安芸を訪れた私の携帯に電話が入り、第一声が「順ちゃん、今どこ?」。

いきなり順ちゃんかよと面食らいながらも「安芸市営球場に入ったところです」と言うと、太田さんは「三塁側の上のほうを見て」と言うので見上げると、確かにスタンドの上のほうに放送デスクが設えられ、太田さんが練習の実況中継をしていた。その実況が奇妙だった。

「和田豊コーチが打った（ノックで）。打球は一塁側ファウルグラウンドに上って広沢克実が捕ってバックホーム。タッチアウト〜」

そんな内容だったと思う。こんな番組を誰が見るのかと思ったが、今ではキャンプ中継はCS放送の人気コンテンツである。スカイAはこの面でも先取り精神に富んでいたと思う。

朝日放送だけではない。大阪に行くたびに食事をしているのがMBS毎日放送の二瓶《にへい》純さんだ。もう十年以上前になるだろうか、午前三時から明け方の五時まで生放送で喋りっ放しというラジオ番組に出演させられたことがある。一人では荷が重いので友人のスポーツライター、故佐野正幸さんと二人でマイクの前に座り、佐野さんは軟派、私は硬派なので話は嚙み合わない部分はあるが、それでも喋り通しで五時までなだれ込み、そのまま一睡もせず八時半から始まる甲子園大会を観戦し、試合中にうつらうつらするという醜態をさらしてしまったことがある。もう一回同じことを頼まれたらどうするって？　断らないと思う。肉体的にはハードで、大阪には甲子園大会を観戦するために訪れているが、関西の知人や友人と続いている縁を手放そうとは思わない。それに大阪のテレビマンは話していて楽しい。

スカイAではドラフト中継以外、ファームのオールスターゲーム、フレッシュオールスターのゲスト解説を一〇年から九年続け、それ以前にも東京ドームで行われた〇六年にも担当しているので合計して十年になる。ファームで残した成績以上に、前年のドラフト上位で指名された新人選手を出場させることが多いのが近年の特徴で、ドラフト好きとしては見逃すことができない。

中継をしながら私は常にストップウォッチを押し続けている。この大会の各塁到達タイムで目立ったのは、一〇年・岡田幸文（ロッテ）の一塁到達三・六七秒、一四年・関根大気（DeNA）の二塁到達七・七六秒、一八年・周東佑京《しゅうとうきょう》（ソフトバンク）の二塁到達七・四七秒あたり。お祭り化しているためか全力疾走の迫力は感じられないが、一八年のウエスタンリーグ選抜は私が俊足の目安にしている「一塁到達四・三秒未満、二塁到達八・三秒未満、三塁到達一二秒未満」を五人（六回）がクリアし、ピッチャーのストレートが一五〇キロを超えたのも両チームで私が見た中では最多の七人いた。

フジテレビでゲスト解説

プロ野球中継はプレーが進行しているので、その邪魔にならないように喋らなければならない。かといって、あまり喋らないと視聴者は放送事故が起きたのかと思い奇妙な緊張感を強いられるし、本当にテレビは難しい。

まだ東京のゴールデンタイムに巨人戦のテレビ中継があった二〇〇三年、私はフジテレビのプロ野球中継で年間一四試合、「アナリスト」という肩書を携えて中継ブースの中にいた。局側からは「技術的な話はプロ野球ＯＢにまかせ、小関さんには経歴とかアマチュア時代のエピソードをお願いします」と言われていたが、この時期の私の関心は技術に集中していた。アマチュア球児の技術的な到達点がわからないとスカウトがどれくらいの評価をしているのかわからないし、技術を通して見ると野球はさらに面白くなる。
結局、テレビ側の「技術の話はプロ野球のOBにまかせて」は、あまり守られなかった。そうすると試合後、ディレクターから「小関さん、前にもお話ししたように技術の話はOBにまかせてください」と注意されて何も話せなくなり、話さないと今度は「何かありましたか」と言われて身動きが取れなくなった。
話は二〇一七年一月二十八日に飛ぶ。NHK BS1で放送されたスポーツ追体験ドキュメント「大谷翔平が語る 優勝への15奪三振」の中で、大谷は聞き手の斎藤隆（元ドジャースなど）にリリースの感覚を次のように話している。

大谷「こする感じじゃなくて、このままの形（ボールを人差し指と中指で押さえつけた状態）でボールが抜けて行くような感じ。ボールに対して指が負けないように」
斎藤「指が立っている状態ですね」
大谷「指先を立てて固定し、最後は叩くようにして投げる」

ボールを指から放すリリースについて交わされたわずか一分そこそこのやりとりが、私にはこの上なく貴重な技術の伝道のように思われ、強く興味をそそられた。大谷と斎藤隆という一流の競技経験者だからたどり着ける境地なのだが、そういう話を引き出す役割ならできるかもしれないと思うし、それができなかったのが悔しい。

フジテレビ以外ではスカイAが年一回放送するフレッシュオールスターのゲスト解説を二〇一〇年以降、担当している。私が最も興味のあるのはドラフト会議で、フレッシュオールスターはそのドラフトの成果を九か月後、実戦の形で振り返ることができる。つまり、ゲームとしてはフレッシュオールスターが私にとって一番面白い。

この番組では「技術的な話はプロ野球OBにまかせて」という制約はない。期待されている役割をしっかり把握して、制約ではなく自制しながら話を選り分けるという十五年前にできなかったことが、遅まきながらできるようになってきた。

フレッシュオールスターで印象に残っているのは、青森県弘前市で行われ、三対一でウエスタンリーグ選抜が勝った一八年だ。ピッチャーは私が見てきた中では最多の八人が一五〇キロ台を計測し、このうち望月惇志（阪神）、高橋昂也（広島）、種市篤暉、岩下大輝（ともにロッテ）は、定着とまではいかないが一軍のマウンドで見かけることが多くなった。

野手では早実時代に高校通算一一一本のホームランを放った清宮幸太郎（日本ハム）が四回表に藤嶋健人（中日）のカーブをライトスタンドに放り込んだ。チーム全体で放ったヒットは五本で、上げた得点は一点だけ。レベルの高いウエスタン選抜の投手陣と清宮の強打を矛盾なく同じ試合の中で話せるのが語り手としては嬉しかった。

ウエスタン選抜の野手では私が俊足の目安にしている打者走者の「一塁到達四・三秒未満、二塁到達八・三秒未満、三塁到達一二秒未満」をクリアした選手が五人（六回）。これも私が見てきた中では最多だ。全力疾走で僅少差の接戦を勝ち抜こうという意気込みはフレッシュオールスターだからこそ貴重だ。

MVPに輝いたのは四回裏にソロホームランを放った山形県酒田市出身の石垣雅海《まさみ》（中日）。東北へ来たから思うのかもしれないが、石垣、青森県出身の種市、大船渡高校の佐々木朗希と、東北の野球人の存在感をひしひしと感じた。

週刊文春から「連載しませんか」

フジテレビの仕事をやる二年前、二〇〇一年一月には週刊文春の連載がスタートしている。この話は本当にある日突然、突拍子もない形で訪れて、私の人生を一変させた。

二〇〇〇年十月三十日、私は九州大会を見に大分県臼杵《うすき》市にいた。臼杵市民球場の第一試合が杵築《きつき》高対鳥栖高、第二試合が日南学園対中部商、翌三十一日の第一試合が海星高対熊本工、第二試合が樟南高対東福岡高という組み合わせで、各校にはのちにプロ入りする球児が揃っていた。

佐藤吉宏（鳥栖高→日本ハム）、糸数敬作（中部商高→亜細亜大→日本ハム）、寺原隼人（日南学園高→ダイエー）、井手正太郎（日南学園高→ダイエー）、松永浩典（海星高→三菱重工長崎→西武）、山本光将（熊本工高→巨人）、吉村裕基（東福岡高→横浜）、野中信吾（神埼《かんざき》高→日本ハム）。

二日間で見た五試合にのちのプロ野球選手が揃い、寺原と吉村は十八年後の二〇一八年も現役としてプレーしている。こういう大会に遭遇することは滅多にない。この大会期間中の三十日、携帯電話に「週刊文春の木俣ですが」という電話がかかってきた。

この頃の私は編集プロダクションに務めながらインターネットサイトの「MSNスポーツチャンネル」、so-netの「baseball Junky」、雑誌『野球小僧』に連載を持ち、かなり忙しくしていた。そういう状況のときに木俣（正剛）さんは「週刊文春に連載しませんか」と言うのだ。

週刊文春は私にとっては特別な雑誌である。西武ライオンズの親会社、西武鉄道広報課の鈴木さんから電話をもらった数年後、私は「糸井重里《しげさと》の萬流コピー塾」に夢中になっていた。コピーライターの糸井重里氏がたとえば「ベランダ」という宿題を出し、塾生（読者）がベランダについてコピーライティングしたものを糸井氏が格付けしていくという週刊文春の連載物で、この中からのちにコピーライターになった人もいる。

〝家元〟（糸井氏）からいい評価をもらいたくて三十代前半の私はハガキに作品と文藝春秋の住所「千代田区紀尾井町三ー二三　週刊文春　糸井重里萬流コピー塾担当様」を書いて、毎週、郵便ポストに投函していた。それから十数年後、その文春の編集長から「連載をしませんか」という電話がかかってきたのである。

当時の観戦ノートには木俣さんの携帯の電話番号が今も残り、中部商対日南学園戦の欄外には「栄冠は君に輝く、ホントにいい歌、キュンとなる」と、上気した気分がうかがえる。

この二〇〇〇年には草思社から『プロ野球問題だらけの12球団』が刊行され、二年後にはフジテレビ地上波の巨人戦をゲスト解説者として江本孟紀、平松政次、加藤博一、高木豊各氏らと放送ブースの中にいた。一九九九年までの人生からは考えられないことが次々と起こり、そこへ「週刊文春で連載しませんか」と文春の編集長から電話が入ったのである。四十八歳を目前にして、私の人生は大きく好転した。

コラム

寺原隼人と根本陸夫の凄さ

九州大会で見た寺原は大したことがなかったが翌年三月のセンバツ大会期間中、スポーツ紙記者から「寺原が一五〇キロを計測したみたいですよ」と言われ、嘘だろうと思った。

二〇〇一年八月、夏の甲子園大会で見た寺原は前年秋の印象を一変させていた。ストレートのスピードは一回裏に早くも一五一キロを計測し、二回に長谷川智昭を空振りの三振に取った球は一五五キロを計測した（二回戦の玉野光南戦では甲子園大会史上最速の一五八キロを計測）。

体中からぎしぎし軋むような音が聞こえた九州大会の力みが払拭され、八回投げて与四死球ゼロ、奪三振一〇、失点一という文句のないピッチングを披露し、試合後、対戦した四日市工の監督や選手の声は寺原の凄さを次のように物語っていた。

「故障（右中指の違和感）がかえってよかったのではないか。故障がなかったらもっと力んでいたと思う。野球少年のあこがれ、目標なんだから頑張ってほしい」（尾崎英也監督）

「球の伸びがあった。第一打席で当てることができたので、マシンの位置を前にして打った効果はあった」（太田慎一・一塁手）

ある選手は「ワンバンドと思った球が伸びてきた。『シューッ』という音が聞こえるようだった」と言い、またある選手は「キャッチャーがよく捕ると思った」と笑った。

この寺原をめぐるドラフトの攻防を、週刊文春の連載では次のように書いた。

「十一月十九日、運命のドラフト会議が開催された。一五四キロ（ママ）の快速球で一躍『時の人』となった寺原隼人（日南学園高）には中日、横浜、ダイエー、巨人四球団の指名が競合し、抽選で『当たりクジ』を引き当てたのはダイエー・王貞治監督だった。／三巡目（実質二位）でも社会人ナンバーワン左腕、杉内俊哉（三菱重工長崎）を指名し、ダイエーのドラフトは自他ともに認める百点満点。／西武時代、管理部長としてドラフトで辣腕を振るい、黄金時代を築いたのが故根本陸夫。（中略）／『人脈・根回し』が根本の真骨頂のように言われているが、アマチュア選手の力量を正確に推し量る眼力こそが根本の凄さであった。／九九年四月三十日に根本は永眠。当初、根本が作り上げたチーム作りのノウハウはダイエーに受け継がれないと思っていた。天才の技は職人芸のように子々孫々に伝わるものではないからだ。しかし、それは間違っていた」

松坂大輔（横浜高）が春夏連覇を果たしてからわずか三年後に出現した豪腕に私は大きな期待を寄せた。それ以降、プロ実働一七年間で残した成績は、二九九試合に登板し、七一勝八〇敗二三セーブ、防御率三・八五（二〇一八年シーズン終了時）。私は成功の基準を「野手は五〇〇安打、一〇〇〇試合出場、投手は五〇勝（一セーブ、一ホールドは〇・五勝）、三〇〇試合登板」に置いているので寺原は文句のない成功選手だが、高校時代に寄せた大きな期待から見れば物足りない。

寺原から学んだのは、「高校生はひと冬越えて大変身する」こと、そして「アマチュア時代の迫力は必ずしもプロに持ち越されない」こと。ソフトバンクに教えられたこともある。それは親会社がダイエーからソフトバンクに変わってもドラフトで大物に向かって行く姿勢は受け継がれるということ。

脱サラした二〇〇一年は〝セ高パ低〟

週刊文春の連載は約二年半続いた。タイムリーな話が多いが、十七年後の現在にも通じるトピック（話題）も紹介した。

「四国に地域密着型のプロ球団を設立しよう」「巨人の敗因は93年からのドラフト戦略の失敗にあり」「日本ハムが札幌移転を円満に果たすためには」「『左バッター有利』の考えがプロ野球をつまらなくする」「米国野球と比べてみれば松坂の投げ方は非合理的」「なぜプロ野球選手は全力疾走しないのか」「スラッガーが育たない勝利至上主義の甲子園」……等々。

週刊文春連載のタイトルは「小関順二は野球が好きです」。木俣編集長の命名だと思うが、私はこのタイトルが好きで、ホームページやブログのタイトルにしようと思ったこともある。プロの書き手でなく、野球が好きでしょうがないだけのオジサン。深読みすれば、その「好き」が〝野球界の何か〟を変えるかもしれない、私はそんなことを考えながら記事を書いていた。

二〇〇一年五月三十一日号の記事中のプロフィールを見ると、「ついには脱サラして野球が『本業』に」とある。編集プロダクション「デポルテ」を退職して、いよいよライターとして一本立ちし、池袋に隣接する要町に事務所を構えた。

ドラフトは九三年からスタートした「逆指名」（最大二十四人の大学生、社会人に限り、志望球団を選べる）が「自由枠」という名称に変わり、ドラフトを形骸化しようという動きが活発化していた。さらに、逆指名ドラフトが効果を表す九四年以降、十年間の日本シリーズの対戦成績はセ・リーグが七勝三敗とパ・リーグを圧倒していた。

地上波の巨人戦の中継がまだ健在で、九五年には野茂英雄が近鉄を任意引退となったのちにメジャーリーグのドジャースに入団。それ以降、長谷川滋利（オリックス）、伊良部秀輝（ロッテ）、木田優夫《まさお》（オリックス）、イチロー（オリックス）など、パ・リーグの選手のメジャーリーグ挑戦が続き、パの存在意義が薄れていた。

この時期に私が考えていたことは、十二球団を十二分の一の扱いで報道することだった。〇四年夏には二リーグ制を一リーグ制に縮小する〝プロ野球再編騒動〟が勃発し、秋には選手会による史上初のストライキも行われた。その間、私は二リーグ制の維持を訴えたが、悪者役の巨人でも十二分の一として扱い、セ高パ低の〇一年当時でも各球団はあくまでも十二分の一の存在感として扱った。

プロ野球全体にアンテナを張り巡らすことは面倒くさいが、十二球団の事情を知らなければ一球団の事情さえ書けないというのは真実である。池袋要町交差点に建つビルの七階から山手通り（首都高速環状線）の車の流れを見下ろす私は、ちょっと得意気だった。

怪人ノビー氏に、アメリカ行きを

この原稿を書いていて、私の人生の中で二〇〇〇年前後が大きな意味を持つことをはじめて知った。一九九九年にCS局スカイAが中継したドラフト会議で解説を務めたのを皮切りに、〇〇年に『プロ野球　問題だらけの12球団』を上梓、〇一年に週刊文春の連載がスタート、〇三年にフジテレビのプロ野球中継で一四試合ゲスト解説を務めた。一九五二年生まれだから四十代後半から五十代にかけて人生の転機が訪れたことになる。

ここにもう一つ加わるのが二〇〇二年に敢行した二十二日間に及ぶアメリカ野球行脚《あんぎゃ》である。「敢行」とか「行脚」と言うと何を大げさな、と思われる方がいるかもしれないが、一地域に留まらず、旅程の前半は毎日のように長距離バスのグレイハウンドで移動し、訪れた都市はペンシルベニア州ハリスバーグ↓ニュージャージー州トレントン↓ペンシルベニア州フィラデルフィア↓コネチカット州ノーウィッチ↓マサチューセッツ州ケープコッド↓ジョージア州マリエッタ↓オハイオ州クリーブランド↓同コロンバス↓イリノイ州シカゴ↓同ジェノバの十都市。移動だけの日が二日あったのだから「敢行」とか「行脚」と書きたい気持ちもわかっていただきたい。

この遠征はある友人の強いプッシュがきっかけになった。二十代後半で会社を辞めてアメリカのシカゴ州立大学に留学、スポーツ経営学を学んでいる中でインターン（職業体験）としてマイナーリーグで働き、そのとき視察に訪れたNPB（日本プロ野球組織）にヘッドハンティングされたという逸話を持つノビー伊藤こと伊藤修久《のぶひさ》さんだ。日刊スポーツの福田さんに紹介され、もう付き合いは二十五年近くになる。このノビーちゃんが酒を飲むたびに「いつアメリカに行くのぉ～」と変なアクセントをつけて迫ってきたのが二〇〇〇年だった。

英語が喋れない、自動車の運転ができない……等々、アメリカ行きを戸惑わせる要因が幾つかあり、さらにこの頃は日本のアマチュア野球を見るのに精一杯で、アメリカ野球を見る必然性が湧いてこなかった。マリナーズでプレーするイチローを見たくないかと妻に言われ、「イチローより四国大会を見たい」と言ってアメリカ行きを容認する空気が一瞬にしてかき消えたこともある。それがどうしてアメリカ行きが実現したのかというと、ノビー氏が「アメリカの野球は日進月歩ですよぉ。まごまごしているとあっと言う間に取り残されますよぉ」と、酒を飲むたびに迫ってきたからだ。飲み屋のコースターに私がアメリカで見なければいけない試合と日程を勝手に書いていく怪人。行くのは七月が最適で、この時期に高校生は「ショウケース」、大学生は「サマーリーグ」とコースターに欧文を書き連ねていく。

アメリカの高校生、大学生の試合のスケジュールはノビー氏の力を借りなくても書籍で調べることができた。『Baseball America Directory』という本で、メジャーリーグ三十球団はもちろん、マイナーリーグは3A、2A、1A、ルーキーリーグのおおよその日程から住所、電話&F

ＡＸ番号、メールアドレス、さらに各部署の責任者の名前まで紹介されている。

そしてＦＯＲＥＩＧＮ　ＬＥＡＧＵＥとしてメキシカンリーグ、ドミニカ、ベネズエラのサマーリーグ、キューバリーグの中南米諸国とともに、韓国、台湾、日本のプロ野球が見開き二ページで紹介され、そのあとにアメリカ国内の大学野球、高校野球の情報が掲載されている。

こういう本を見ているとアメリカがどんどん身近なものになっていく。ただ、アメリカで高校野球、大学野球を見て回ると日程が大掛かりになってくる。「四泊六日では済みそうにないな」と言うと、ノビー氏は「えっ、何て言いました？　もう一度言ってください」と、「四泊六日」を何度も言わそうとする。ノビー氏によるとアメリカ野球は最低でも一か月見ないと輪郭すら掴めないと言う。四泊六日など問題外、「どこを押せばそういう日程が出てくるのぉ」と、しつこい、しつこい。

ハリスバーグで横須賀に思いを

ノビーちゃんに迫られたのが○○年冬、実際に重い腰を上げたのが○二年夏。二年近くの合間を経て向かったアメリカ行脚は最初から苦難の連続だった。まず七月二日、成田国際空港十四時発の予定が実際にフライトしたのは二十時近く、約十一時間でデトロイトに着いたもののハリスバーグ行きのフライトまで約二時間待ちで入国審査もチンプンカンプン。

二十日間のアメリカ行脚の初っ端、すでに気持ちは折れかけていた。旅程の半分を付き合ってくれた大リーグ研究家の南雲孝一さんも英語を話せないので、ハリスバーグに着いてからもタクシーへの乗車、ホテルへのチェックインなど大変の連続。それでも一睡もせずに迎えた朝、散歩で巡ったハリスバーグの美しい街並みに旅情が湧き上った。

ペンシルベニア州会議事堂、ペンシルベニア州立博物館などアメリカン・ルネサンスと呼称される建築様式が今も多く残り、マイナーリーグ2Aのハリスバーグ・セネターズの本拠地、リバーサイドスタジアムへ行く途中に渡ったマーケット・ストリート橋の下を流れる川の名前はサスケハナ川。嘉永六（一八五三）年、黒船艦隊の来航によって討幕、明治維新の流れが出来上がるわけだが、そのときの旗艦こそペリー提督が乗船するサスケハナ号で、その乗員が上陸したのが、私が幼年期から青年期を過ごした神奈川県横須賀市久里浜だった。この川の名称を目にした途端、そういう地縁が一挙に頭をめぐり、私は昂奮した。

昼過ぎ、2Aセネターズでインターンとして働く日本人、田辺泰樹さんからチケットを頂き、十八時半スタートのハリスバーグ・セネタース対アルトゥーナ・カーブ戦をリバーサイドスタジアムで観戦した。球場周辺の色彩は赤、黄など原色が多くまるで遊園地のよう。隣のソフトボールグラウンド（アメフト兼用）は全面天然芝で、川遊び、ボート遊びもできる環境をうらやましく思った。

試合が始まる前、わざわざ私の席まで来て、「Junji?」と挨拶にきてくれたのは地元ファンのジョーさん。田辺さんが事前に私のことを話していたらしく、ものすごくフレンドリーに接してくれた。英語が喋れたら今でも手紙のやりとりくらいはしていたかもしれない。

田辺さん曰く、少し前に日本でプレーしていたメルビン・バンチ（元中日投手）、トレイ・ムーア（元阪神投手）もハリスバーグに在籍していたとのこと。また、この日の試合ではハリスバーグの一番・センターの名前をSledge, Terrmelといった。二〇〇八年以降、日本ハム、横浜でプレーしたスレッジである。日本とアメリカは球場環境は異なっても、人的な交流は盛んなんだと改めて思った。

大学ジャパンと同じホテルで

七月四日、日米大学野球選手権の最終戦を見るため、朝六時十分前にホテルを出て、グレイハウンド・ターミナルへ向かう。ターミナルと言っても駅らしくない。映画『ティファニーで朝食を』の中で主人公のホリー（オードリー・ヘップバーン）を連れ戻そうと獣医の夫がテキサスからニューヨークにやってくるが、ホリーは「怪我が回復した野生の生き物は森の中に逃げ込んでしまう」と復縁を拒絶、夫はあきらめてグレイハウンドに乗ってテキサスに帰るというシーンがある。この映画に自分のアメリカ体験が重ねられ、グレイハウンドというとうら寂しい風景しか考えられなくなってしまった。

フィラデルフィア経由でトレントンに着き、アムトラック（鉄道）に乗り換えてプリンストンジャンクションという駅で降り、そこからタクシーに乗ってホテルに到着。ここは日米大学野球最終戦に出場するジャパン代表メンバーも泊まっているホテルで、彼らは十五時に大型バスで出発、私と南雲さんは十七時にタクシーでウォーターフロントスタジアムへ向かい、昨日お世話になった田辺さんと球場で合流した。

田辺さんはこのときアメリカ滞在二年目にもかかわらず日本のアマチュア野球事情に通じていて、和田毅（投手・早稲田大）にも興味津々の様子だった。この日のジャパンの先発はその和田で、同じ四年の小谷野栄一（内野手・創価大）、村田修一（内野手・日本大）、後藤武敏（内野手・法政大）がスターティングメンバーに名をつらね、一学年下の鳥谷敬（内野手・早稲田大）、三学年下の松田宣浩（内野手・亜細亜大）もいた。

アメリカチームでは四番のカルロス・クェンティン（スタンフォード大）が注目の的だった。ダイヤモンドバックスのドラフト一巡指名でプロ入り。ホワイトソックスに移籍した〇八年には三六本塁打、一〇〇打点でブレーク。一一年まで四年連続で二〇本塁打以上を記録し、オールスターにも二回出場しているスラッガーで、この日も和田から二塁打を放っている。

試合は日本が先行し、先発の和田から木佐貫への継投も決まって強打のアメリカ打線を二点に抑えたが打線がブラッド・サリバンのスライダーを打ちあぐみ一対二で敗れ、前年に続く二連覇はならなかった。

二十二時に球場前でピックアップしてもらうことになっていたタクシーに乗ってホテルに帰着。三人でフロント前のラウンジでビール、ウイスキーを飲んだ。和田たちジャパンの学生は遅くに帰還して報道陣の取材を受けていたが、私たちは午前二時すぎまで飲み続けていた。考えてみればこの行脚は仕事ではないので、本当に気楽だった。村田は日大一年のときに雑誌の取材で話を聞いているので私の顔を覚えていたのか、何で取材に来ないのかと顔を傾け私のほうを見ていたのが印象深い。

七月五日はグレイハウンドで移動してフィラデルフィアのベテランズスタジアムでフィリーズ対エクスポズを観戦し、翌日はコネチカット州ノーウィッチへ向かうため半日バスに乗っていた。フィラデルフィアまで付き合ってくれた田辺さんには感謝の言葉しかない。

七月七日にはノーウィッチでカレッジ・セレクト・ベースボールというイベントを見た。五日までは単なる観光旅行だったが、ここから私はアメリカ野球の奥深さを知ることになる。

フリーバッティングで空振りする選手

カレッジ・セレクト・ベースボールが行われたドッドスタジアムは、ハリスバーグ、トレントンと同様、外野フェンスが色とりどりの広告で構成され、パッチワークのようだった。ここで行われるカレッジ・セレクト・ベースボールとは大学やプロのスカウトに見せるショウケースのこと。つまり品評会である。

マシンでフリーバッティングをしている彼らのユニフォームは黒、赤、緑、紫の四種類で、それぞれ背番号がついている。スカウトが目星をつけた選手がたとえば「赤の四番」とメモされれば、あとで名前や学校を確認しやすい。アナログだが合理的である。

それにしても空振りが多かった。レベルが低い地域なのかと思っていると、ピッチングマシンがマウンドとホームベースの中間くらいのところに設置されているのに気づいた。「打てるわけがない」と思うが、そこがミソ。打者は最初から「トップ」という打つ直前の形を作り、バットの上下動（ヒッチ）や背中のほうまで入るバットの引きなど、余分な動きを抑え込んでいる。

このフリーバッティングで思い出すことがある。二〇〇三年の中日・北谷《ちゃたん》キャンプでのこと、立浪和義はバッティング投手に超スローボールを投げさせ、それを繰り返し打っていた。シーズン中の試合前のティーバッティングにも注目していると、コーチが緩急どころか強弱をつけてボールをトスしていた。取材した福留孝介（現阪神）にＰＬ学園特有の練習かと聞くと、「あれは落合（博満）さんが伝えた練習法で、今は立浪さんしかやりません」と言う。このシーンがアメリカでの記憶と重なるとはまさか思わなかった。

カレッジ・セレクト・ベースボールが終わったのは十二時。えっ、これで終わり？　という感じ。日本でも、春季キャンプは早い時間で終わるようになっているが、それまでの長時間・猛練習という価値観が見る側にも染みついていて、時短にはなかなかなじめない。しかし、空振りが続出するフリーバッティングはなかなか味わい深く、アメリカ野球の奥行きを感じさせられた。

2Aのオールスターゲームで

七月九日は2Aオールスターゲームのファンフェスタ。十六時過ぎにタクシーでドッドスタジアムに到着すると、球場前にはすでに二つの列ができていた。出場選手二人が机を前にして座ってサインをしているのだ。日本でこういう光景は見たことがない。

十七時過ぎから始まったフリーバッティングにも驚かされた。選手に混じって外野を守っているのは小学校三〜五年生くらいの子どもたち。だからといって2Aのオールスターゲームに選出されたバッターは手加減しない。思い切り振って外野に猛ライナーを飛ばし、そのつど子どもたちは打球に向かって突っ込んでいくのだ。これこそ日本では考えられない光景ではないか。

フリーバッティングでは、先日見たカレッジ・セレクト・ベースボールと同じようなことが行われていた。カレッジ〜ではピッチングマシンだったが、ここではコーチがマウンドの下より前に出て、バッティングピッチャーをやっていた。

このコーチが当たり前に投げない。近い距離から緩急をつけたりクイックモーションで投げたりする。変則モーションに惑わされないために打者は早くトップを作って、ボールを待つ体勢を作らなければならない。そういうことを言葉で指導するのではなく、バッティングピッチャーを務めながら、体で覚え込ませようとする。アメリカ野球はやっぱり奥が深いと思った。

このフリーバッティングでの柵越えは、限られた選手にしかできない。力持ちはたくさんいるが、技術がないからアッパースイングが多くなり、打球にはラインドライブがかかり、外野フェンス近くでお辞儀をする——そういう選手が多かった。

目立ったのはビクター・マルチネス（インディアンス）だ。打ちに行くときグリップが下がるヒッチの影響か、フェンス近くで打球が落ちるラインドライブの打球が目立ったが、打球の強さが他の選手とは違った。二〇一八年まで通算二一五三安打、二四六本塁打を記録している。

十九時三十分のイベント終了と同時に雨が降り出し、雷鳴が轟く中、タクシーでホテルまで戻り、ビールを飲みながらメジャーのオールスターゲームをテレビ観戦してから眠りに就いた。

翌十日は2Aのオールスターゲームを見るため十七時半くらいにホテルを出てドッドスタジアムへ着くと早くも長蛇の列ができていた。前日に買った立ち見の席では落ち着かないと南雲さんが言うので外野の芝生席へ移動すると、スタンド内（フェンス前）で五、六人の子どもがキャッチボールをしていた。日本でこんなことをする子どもたちはいない。すぐに注意されるし、それ以前に自己規制してやろうとしないだろう。

試合は投手が一イニングごとに交代し、落ち着かない。試合を見るというより球宴の雰囲気を楽しめということなのか。途中で席を立ち、煙草を吸える場所を探していると三塁側の通用門を出たところで数人が紫煙をくゆらせていた（〇六年三月以降「断煙」している）。

ふうと落ち着いて一本咥《くわ》えると、新聞を突き出して「これを見ろ」という白人女性が現われた。何のことかわからなかったが、タブロイド紙には野球の守備位置ごとに丸い切り抜き写真が九つ配置され、その一つに目の前の女性が写っていた。

〝Oh! You〟と写真を指差すと、女性は嬉しそうに笑う。それは「LOTT」という店の広告ページで、どうも誘われているようである。キャッチコピーの「ホームランサービス」を指差してゲラゲラ笑うので、私も「オー！　ダイナマイトサービス」と言うが、どうも伝わっていない様子。遊ぶお金はないので日本人の本領を発揮し、神秘的な笑みでごまかした。

この2A球宴で注目したのはクリフ・リー（エクスポス）だ。私が渡米してすぐバートロ・コローンなどとのトレードでインディアンスに移籍したが、ストレートが速く、縦の変化球のキレも素晴らしかった。今振り返ればともにサイ・ヤング賞に輝いている豪華なトレードだが（コローン〇五年、リー〇八年）、この〇二年夏の時点で見れば2Aのリーとメジャーで二ケタ勝利を挙げているコローンとではバランスが取れていなかった。言い換えれば、リーに目をつけたインディアンスの審美眼はさすがという他ない。

八回が終了したところで球場を出てタクシーを呼び、そのままホテルに帰り、ビールで南雲さんとの最後の晩を祝い乾杯する。明日、南雲さんは帰国し、それ以降の連れは日刊スポーツ紙のデスク、福田豊さんになる。

初めて見たストップウォッチ

七月十一日、朝六時に起き、七時半にチェックアウト。帰国する南雲さんをホテルの前から見送り、私もじきに来たタクシーに乗ってニューロンドンまで行った。ニューロンドンから八時四十五分発のボストン行きグレイハウンドに乗って、ボストンに着いたのは十一時半。タクシーで福田豊さんの待っているホテルへ直行するがどこを探してもいない。一時間ほどすると晴れ晴れとした顔で福田さんが入ってくるのでどこへ行っていたのか聞くと、レッドソックスの本拠地、フェンウェイパークを見てきたとのこと。おいおいおい、勘弁してくれよと、早速泣きを入れる。

ケープコッドのホテル、ラマダインは二階建てのリゾート型ホテルで、周囲にはマーケット、レストラン、ファストフードなどが立ち並び、昨日までいたノーウィッチとはだいぶ様子が異なる。十七時過ぎにタクシーに乗って大学のサマーリーグ、ケープコッド・リーグがおこなわれるマキオンフィールドへ着くと、福田さんは「取材してきます」と言って席を立ち、帰ってくると「プレジデントと知り合いになりましたよ」と嬉しそうに話す。こういう陽性の性格は確実にこっちにも伝染する。

説明が遅くなったが、ここケープコッドはマサチューセッツ州南東部にある岬で、ボストンからバスを使えば、私たちが宿泊するハイアニスまで約二時間で着く。ここを舞台に七〜八月にかけて行われるのが大学生のサマーリーグ「ケープコッド・リーグ」である。

その起源は、一八八五（明治十八）年までさかのぼる。この頃、日本では一高が台頭する以前、新橋アスレチック倶楽部が強かった時代で、正岡子規が野球に熱中する翌年と言えば歴史の古さが実感できると思う。

日本人にサマーリーグと言ってもピンとこない。たとえば「ハイアニス・メッツ」というチームには選手が二十一人いて、内訳はスタンフォード大学の学生が四人、ウィチタ州立大学の学生が二人いて、あとは各大学から一人ずつ選出というように、寄り合い所帯で構成されている。アメリカ全土でさまざまなサマーリーグが行われているが、最もレベルが高いのがこのケープコッド・リーグと言われ、同リーグ出身のメジャーリーガーにはC・ビジオ、J・コーナイン、J・ジアンビ、J・ケントなどがいる。

翌日もタクシーでマキオンフィールドへ向かった。十七時前に着くとバックネット裏にはスピードガンを持つ人やカメラマン、TVカメラマンがいてとても賑やか。ユニフォームを着た学生が、ポリバケツを持って入場料を徴収している姿も新鮮だった。

福田さんの取材によると、スピードガンで計測しているのは、スカウトではなくエージェントらしい。アメリカではアマチュアの段階で有望選手にエージェントがつくので、契約金はどんどん高くなっているという。そういう話がリアルに伝わってくる光景である。

この試合ではレッドソックスの一番アダムが初回、先頭打者でいきなりセーフティバントをした。序盤のバントは今日だけでなく、このアメリカ野球観戦旅行でしばしば目にした。アメリカ人は早いイニングでバントをしないというのはアメリカ野球を偶像化したがる人間の作り話ではないのだろうか。

十八時半にピックアップの約束をしていたタクシーに乗り、今度はホワイトキャップス対マリナーズ戦が行われるレッドウィルソンフィールドへ向かう。十九時でも十分に明るく、バカンスを楽しむ客や、町を警備しているポリスマンが木立の中で観戦する姿は避暑地らしい光景で今思い出しても心が癒される。

ホワイトキャップスの六番、アンソニー・グウィンは、首位打者を八回獲得したトニー・グウィンの息子である。翌〇三年にドラフト二巡指名でブルワーズに入団、それ以降メジャーで三八一安打を放っている。六番を打っているように、この時点では目立つ存在ではなかったが俊足には見るべきものがあり、〇九〜一二年のパドレス、ドジャース時代は四年間で六三盗塁している。

この試合のバックネット裏にはノーウィッチでは考えられないような人数のスカウトやエージェントが右手にスピードガン、左手にストップウォッチを持って一投一打ごとにカチカチいわせ、デジタル数字を弾き出していた。このときはストップウォッチで何を計測しているのかわからなかったが、帰国してから知人の吉村浩（現・日本ハムＧＭ）さんに聞くと、まず打者走者の一塁到達タイムで基本的な脚力を判断するという。

一塁ベースに近い左打者は四・二秒未満、右打者は四・四秒未満を俊足の目安にしているというが、面倒くさいので私は左右の打者に関係なく四・三秒未満を俊足と判断している。キャッチャーの二塁送球は捕球した瞬間にスタートボタン、投げた球を二塁カバーに入った選手がグラブに収めた瞬間にストップボタンを押し、そのタイムが二秒未満なら強肩と判断しているという。

ちなみに、メジャーのスカウトが計測した中で最も強肩だった日本のキャッチャーは谷繁元信（元横浜、中日）で、タイムは一・七秒台だという。二〇一八年九月十七日の西武対ソフトバンク戦で甲斐拓也（ソフトバンク）が一・七秒台で二盗を阻止したことがニュースになったが、三十年以上の時を経てもこのあたりの記録は大して変わっていない。

ストップウォッチ持参の野球観戦は私の野球観に大きな影響を与えた。それまで数字を根拠に野球を考えることのなかった私が、細かな数字を根拠に野球を考えるようになったのである。ストップウォッチ持参の野球観戦は帰国した七月後半から十六年後の現在まで延々と続いている。

試合後、福田さんが球場で知り合ったダンを誘い、三人でファストフードのレストランへ行った。ダンはエージェント志望の青年で、驚くことに日本のプロ野球十二球団名をすべて言えた。見た目は、映画『ゴーストバスターズ』で冴えない小男役を演じたリック・モラニス似。コンプレックスを活力に変えるエキセントリックな野心家で、今何をやっているのか、非常に興味深い。

アメリカで見た高校野球

アメリカ野球旅行十三日目の七月十四日はジョージア州マリエッタのイースト・コッブ・ベースボール・コンプレックスにいた。三面のグラウンドがあり、ここでWWBA Senior Division World Series（以下、選手権）が一斉にスタートするというせわしなさだ。前日が雨で中止になったため、この日は全試合が六イニング制になるというのも日本では考えられない。

この選手権を主催しているパーフェクトゲームUSAに日本人のスタッフがいた。高校時代、ケガでまっとうできなかった野球への思いを、アメリカ留学で果たそうとする安武《やすたけ》賢太郎さんだ。

この安武さんの留学の斡旋をしたのが、かって島田誠（元日本ハム）などをプロ野球に送り込んだ社会人野球・あけぼの通商（一九八五年に硬式野球部解散）の元監督だという。安武さんのように、アメリカで野球をやろうとする若者に無償で留学の世話をしている人で、元高校球児をアメリカの大学に何人も送り込んでいるらしい。

この二〇〇二年に日本人で初めてMLB（ロッキーズ）からドラフト指名（二四巡目）された坂本充もその一人で、安武さんは「クレージーの極みです」と笑う。アメリカで野球に関わっている人はこういう熱い人が多い。

安武さんがそばにいてくれたおかげでアメリカの高校野球事情がだいぶわかった。まず本大会が行われる前に「一月三〜五日」「一月十〜十二日」「四月二十〜二十一日」「五月十四日」「六月八〜九日」「六月十四〜十六日」にショウケースがある。

大学の指導者やプロのコーチ、あるいは代理人（エージェント）に、自分の実力を披露する大会である。日本の高校野球のように、「教育の延長に野球がある」という受け身の姿勢ではない。自分の力を見せつけるという攻めの姿勢に特徴がある。

ショウケースで目についた好選手を集めて行われるのが本大会をはじめとするチャンピオンシップで、夏以降は九月に三回、十月に三回行われる。各ショウケースで百五十〜二百五十人の選手を集め、本選手権はそこから選りすぐった八百六人を四十チームに振り分けて行われる。

一チームの参加費用は千〜千五百ドルで、選手の詳しい情報が載っているスカウトブック（選手名簿）が、一部百ドル（一万一千円）で売られている。日本とまったく異なる運営システムである。またスカウトブックには、ポジション、身長・体重、利き腕、生年月日、卒業予定年、在籍高校名、住所、電話番号、父母名とともに、学業成績（GPA／ACT／SAT）が掲載されている。たとえば「GPA／ACT／SAT」が「三・五〇／二七／一六五〇」なら「この子は勉強できるわね」とか「勉強苦手みたいね」と、ひと目でわかるようだ。

驚いたのはこれだけではない。本大会が始まる前に、野手を対象にした「運動能力テスト」が行われるのだが、その内容が実にスカウトなど獲る側に都合がいい。

①　六〇ヤード（約五五メートル）走のタイム測定
②　キャッチャーの二塁送球タイム測定……トップクラスで一・七五秒
③　右翼に集められた外野手の二塁（一本）、三塁（二本）、本塁（二本）への送球タイム測定……スピードガンで送球の速度が計測される。本大会のMAXは九五マイル（一五二キロ）
④　一塁手以外の内野手はショートのポジションに集められてノック……正面、左右、ボテボテのゴロを逆シングルキャッチ、ランニングスローも混ぜて処理する。送球スピードはトップクラスは八八〜九〇マイルくらい
⑤　一塁手は三塁へのスローイング

これらの能力測定が行われるため、大会が始まるとスカウトたち獲る側は見る対象を投手に絞る。野手はもう能力を見極めたから大丈夫、ということらしい。なお、フリーバッティングは各

選手が一二スイング（前に飛んだ打球だけカウント）を木製バットでおこなう。どこまでも獲る側に都合がいい見事な品評会ではないか。

この野球場には三面のグラウンドがあり、それぞれ非常に近接しているので、はしご観戦ができた。最初に見たプエルトリコ・レイダース対ABDブルドッグス戦で驚いたのがプエルトリコのベンチ内の空気で、全員でリズム感よく手を叩き、歌を歌いながら応援している。延長七回表には、こんなことがあった（六回が終わり延長に入ると無死二塁から試合が始まる）。一死三塁でABDの打者が一塁ゴロを打ち、これを一塁手がホームへ低投して一点を取られると、プエルトリコの監督が激怒して一塁手を怒鳴り散らしているのだ。

その裏にプエルトリコが無死二塁の場面で三番打者が送りバントをし、相手投手の野選（フィルダースチョイス）でオールセーフ、さらに投手の一塁けん制悪送球で同点になると、一転して大喜びする変わりよう。チームが勝ってどうこうの大会ではないと思うのだが、勝負への執着が思いのほか激しい。

勝敗にこだわれば、バントが多くなる。八回表、ABDが無死二塁で三番打者がバント、さらに満塁からスクイズバント失敗などで無失点に終わると、その裏プエルトリコがバントでチャンスを広げるという展開。アメリカ野球はバントしないと言う人にこの光景を見せてやりたかった。

日本人留学生、カズ永井

七月十六日、福田さんの知人の福沢秋后《あきさ》さんとその旦那、ネイト氏を交えた四人で、一時間半かけてノビー氏の母校、オハイオ大学へ着いた。大学内にあるボブウレンスタジアムを舞台に繰り広げられているのがサマーリーグのグレイトレイクス・リーグで、ここへ来たのはサマーリーグ観戦ならびに同サマーリーグに所属するサザンオハイオ・コッパーヘッズのＧＭ、アンドリュー・クライツァー氏（オハイオ大学教授）を取材するためだ。

クライツァーさんはノビー伊藤さんがオハイオ大学に留学していたときの恩師で、来日すれば広島対阪神の試合を球場で見るほどの親日家としても知られている。日本にいるときにメールで連絡を取り、是非取材させてほしいと頼むと、快く承諾していただいた。

このクライツァー氏が日米の違いについてこんなことを言っていた。

「画一的な日本人に対してアメリカ人は千差万別という違いはあるが、日本人はプレーヤーとしての自覚が高い。最近目立つメジャーリーガーの個人主義を、アメリカ国民は恥ずかしく思っている。チームプレーができる選手ほど尊敬され、イチローがそういう選手です。本当のヒーローは成功を見せびらかさない。そういう姿勢を見たいです」

サザンオハイオ・コッパーヘッズ対メアリーズビル・モーラーズベースボール戦を見に行くと

コッパーヘッズの八番に日本人のカズこと永井一彦が起用されていて驚かされた。「日本人は力より技」という先入観があり、技巧的なプレースタイルを想像したが、いい意味で予想はくつがえされた。一八〇センチ、八六キロの見事な体格とともに、バットが遠回りしない打撃フォームで右中間方向へ強い打球のヒットを放ったのを見て、話を聞きたいと思った。

出身は松江南高校。九七年の島根大会二回戦で敗退したのち、すぐにノースカロライナ州グリーンズボロのクリムズリ高校に留学。一年留年したのちにグリーンズボロ大学に進学。さらに監督と意気投合したという理由でノースフロリダ大学に転校。数学・物理学を専攻しながら野球を続けていた。

六〇ヤード（五五メートル）六・八秒の脚力と、ライトからの強肩を誇るアスリートタイプで、取り組んでいるのは体重九三キロの増量。「秋は筋トレばかりです」と笑い、ベンチプレスは二六〇ポンド（一一八キロ）と目的にブレがなかった。体重の増量は一八年現在の日本球界ではトレンドと言っても過言ではないが、〇二年当時、アメリカでは大学生が当たり前のこととして口にし、自らの意志でウエイトトレーニングをおこなっていた。日米の差はまだこの年数分、離れているのかなと考えさせられる。

チームの監督からバッティングで助言されるのは、「バットがストライクゾーンに長くあればあるほどいい」ということ。これはレベルスイングの示唆と言っていい。サマーリーグについては「学校とか筋トレの話とかいろいろな情報が交換できていい」と、初めての参加を有意義なものと受け止めているようだ。

日本のプロ野球に挑戦し、最終的には母校・松江南で監督をやりたいと希望を洩らし、「早く帰って両親に恩を返したい」と言われたときには、なぜかホッとした。合理的ではない日本人的な〝情〟が垣間見えたからだろう。

二日後の十八日、再びオハイオ大学へ出向き、ボブウレンスタジアムで繰り広げられているサザンオハイオ対ヤングスタウン戦を観ながら日米の球場について考えた。たとえば、この球場のバックネットは土台の部分に二〇センチくらいのコンクリートがあるだけで、上から下までほとんどすべてがネット。つまり、選手の全身がクリアに見える。

甲子園球場にも同様のよさがあるが、日本の球場は総じてバックネット裏のスタンドが高く、急角度で見下ろすようになっている。フェンスぎりぎりのファウルボールなどはキャッチャーが捕ったか捕らなかったか歓声を聞くまでわからない。球場環境については日米の差は大きい。

カズ永井は第一打席、三塁走者を還すセーフティバントを成功させている。前日、バントをしないよう頼んだのに、と少々恨みがましく思ったが、後日メールがきて「あのバントは監督からのサインだったので」と一言あった。選手の意志が通りやすいアメリカでも監督のサインには服従という基本的なルールが確認できてよかった。

コラム

アンドリュー・クライツァー氏の話

NCAA（National Collegiate Athletic Association ＝全米大学体育協会）のルールでは、サマーチームは五人以上同じ大学から来てはいけないことになっています。コッパーヘッズの場合は、オハイオから四人来て、他の選手は各大学の監督の推薦で選ばれた選手ばかりです。地域的には、ミズーリから東側、中西部のインディアナ、オハイオ、フロリダ、メリーランドから来ています。ノースフロリダからはカズ永井が来ている。彼のために私の妻が日本食を作っています。

このリーグは結成から十二年目になります。涼しくなる十九時から試合ができればいいんですが、照明施設がないので十七時スタートになっています。ＭＬＢからの支援は、今年はボールの支給だけです。

ビジネスマンにスポンサーになってもらってスタートしました。大学は球場を提供することで運営に関わり、スポーツ経営学を学ぶ学生は、野球ビジネスがどう動いていくのか、スタッフとして勉強していきます。セールスプロモーション、スポンサー集め、設備の管理、いろいろありますね。こういうところが、他のリーグとグレイトレイクス・サマーリーグの違うところでしょうか。

（ケープコッド・リーグでは選手が寄付を募るように、ポリバケツ持参で観戦料を集めていましたが）そういう寄付行為のような真似をするのは感心しませんね。入場するとき、しかるべき場所で五ドル受け取るべきです。

昨年（二〇〇一年）は初めてオールスターゲームを行い、八百人の観客を集めました。この実績で地元の企業を回り、スポンサーになってもらうよう説得します。それをやるスタッフは私が大学で教え、このサマーリーグでインターンとして働いている約三十人の生徒たちです。彼らが貴重な人材としてメジャーリーグに供給されていきます。メジャーリーグも大学のサマーリーグも、規模に差はあってもやることは一緒ですからね。

九月から翌年六月まで選手の学力を上げるためにスタディテーブル（練習後数時間、勉強の時間を設けること）をおこなっています。勉強ができない子にはチューターという家庭教師をつけることもあります。

どうして練習時間を削ってまで勉強しなければいけないのか、それはスカラシップ（奨学金）の問題があるからです。スカラシップは授業料、寮費、テキストブック代ごとに支払われ、この三つすべてを受けることができると、年間二万ドル（約二百万円）支給されます。

スカラシップを得るためにはＧＰＡと呼ばれる成績の五段階評価（ＡＢＣＤＦ）で一定の成績を得ることが条件になります。当落線上のＣ評価より下がるとスカラシップを得られなくなる恐れがあるので、選手は必死になって勉強するし、私たちも尻を叩きます。

スポーツ選手の卒業率は全米平均でだいたい五〇パーセントくらいで、私たちのオハイオ大学はそれよりも多い五七パーセントです。

スカラシップには問題があります。バスケットボールやアメリカンフットボールは人気があって観客も多いので、大学はいい選手を集めたがります。そういう選手ほどスカラシップを多く得ることができるので、他のスポーツに配分される率が下がります。野球だと、バスケットボールやフットボールの二分の一か三分の一くらいだと思います。

サマーリーグは全米で八リーグあります。アラスカ、カリフォルニア、ケープコッド、オハイオ、バージニア……。参加する学生の数はどんどん増えています。選手のメリットとしては、オフ期間の夏は長い時間野球ができる、他の学生と交流できる、スカウトにアピールできる、などでしょうか。

オフ期間で一般学生がいないため学生寮に宿泊でき、主流はホームステイです。参加する学生は昼間働いて、プレーするのは夕方から。仕事は私が紹介しています。
※オハイオ大学の卒業生には〝歴代最高の三塁手〟と謳われるマイク・シュミット（元フィリーズ）やニック・スウィッシャー（元ヤンキース・元外野手）がいる。

リグレーフィールドを堪能する

七月十九日は朝七時にチェックアウト。ネイト氏に車で空港まで送ってもらい九時前に離陸。約一時間でシカゴ・オヘア空港に着いた。空港から地下鉄Blue Lineでジャクソン駅まで四十五分くらい。ここから徒歩十分で最後のホテルになるコングレス・プラザ・ホテルにチェックイン。一八九三年に開催されたシカゴ万国博覧会のために建てられたホテルで、部屋に入った途端に歴史の匂いが鼻を突いた。けっして不快ではなく、図書館の匂いと言ったらいいだろうか。

十三時に部屋を出てチャールズ通りまで歩き、クインシー駅からBrown Lineに乗りステイト／レイク駅まで行き、そこからRed Lineに乗り換え、リグレーフィールドのあるアディソン駅まで行く。駅を降りるとそこはカブス一色と言ってもいい賑わいだった。スーベニアショップ、スポーツバーがあり、老若男女が真っ昼間からビールジョッキ片手に、何が面白いのか、ゲラゲラ笑い合っている。

リグレーフィールドのゲート前にいると、係員が来て「バッグを持って中に入れない」と言うので、指示された通りバックスクリーン後ろの緑の屋根の建物へ行き、バッグを預かってもらうと二ドルかかった。何でもお金がかかる。

五一一セクションの座席は、三塁側スタンドの最上段。古い鉄の階段をヒイヒイ言って昇り、振り向くとツタの絡まる外野フェンスが出現。「うわぁ、これがリグレーフィールドか」とため息が洩れた。外野スタンドの向こうにある一〇棟以上のビルの屋上には仮設らしい五、六段のベンチが設えられ、ここでもお金を取ってプレーを見せている。

どんより曇天。外野後方に地下鉄の車両が通るのが見える。球場との距離感は、甲子園と阪神高速くらい。ライトスタンドの遥か向こうにはミシガンの湖面が水平に走っていて、これは日本ではお目にかかれない景色だ。

スタンドはほぼ満員。五階から降りていく階段はバリアフリーのスロープで、その途中、三、四階の内野席を眼下に見下ろすことができる。そこから湧き上がってくる熱狂的なカブスファンの声援に圧倒される。個人的には、ガニ股で重心低く構えるジェフ・バグウェル（アストロズ）のバッティングが見られて嬉しかった。

十八時頃、ホテル近くまで帰り着く。しばらくミシガン湖畔で福田さんとよもやま話。この湖はまるで海。噴水もデカイ、何もかもデカイ。近くのオープンカフェで食事をしながらビールとウイスキーを飲む。ウイスキーは久しぶりだった。ここまでビール、ワインが多く、胃袋が強い酒を求めていたので、本当にうまかった。二十三時頃に就寝。

ベースボールの地域での役割

この日（七月二十日）に帰国する福田さんを見送るため、最寄り駅まで歩く。ここでトラブル発生。十ドルをくずそうとすると、黒人の駅員がくずれないと言う。そんなバカな！　お金があるのに切符が買えない不条理に二人とも喧嘩腰になるが、郷に入れば郷に従えのたとえ通り、ただひたすらしつこく食い下がった。敵はついに根負けして、一ドル五〇セントで二人入っていいと言うが、当たり前のことを偉そうに言うなと思った。

このBlue Lineに乗って、オヘア空港内のノースウエスト航空二番ターミナルまで行く。三日後は俺の番だと言い聞かせながら、十二時発ミネアポリス行きをしっかり頭の中に入れる（シカゴ⇕東京の直通便はなく、ミネアポリスで乗り継ぐ）。

福田さんを見送り、帰路から一人になった。Blue Lineでラサール駅まで行き、下車してメキシコのファストフード店に入り、六ドルちょっとのブリトーのセットを注文する。タコスの親玉のようなボリューム満点の食べ物で、これをコーラと一緒に流し込む。

ホテルへ帰り、テレビでカブス戦を観ているうち眠りに落ちる。十五時頃に起き、人通りのない治安が悪そうな一帯を一人で歩いた。危なそうな人間が何人もいたが、向こうから見れば脇目も振らずセカセカ歩く中年の東洋人（けっして身なりはよくない）のほうが気持ち悪かったかもしれない。

駅でウィークエンドパスを五ドルで購入する。このパスは、利用者が減る週末対策用に発行しているらしい。今日の観戦予定は、1Aのケインカウンティ・クーガーズ対バーリントン・ビーズ戦。メトラと呼ばれる近郊列車に乗ってジェノバ駅まで一時間ちょっと。駅からタクシーに乗り、十分弱でエルフストロームスタジアムに到着。

ライト側のゲートから入ると右側が芝生席、左側にはホットドッグを網で焼くコーナーがあり、人が群がっている。一塁側通路も売店、観覧席に人がひしめき、大げさでなく超満員。おいおい、いくら土曜でも1Aの試合だぜ。立ち見客も多いので、七千四百人以上は入っているはずだ。

観客は皆、ビール、コーラ、水と食べ物満載の紙製のトレーを持って通路を闊歩。ネットのないここに打球が飛んできたら、間違いなくケガ人が出るだろう。しかし、観客は打球に無頓着、というより飲み食いに一生懸命。ここは野球観戦以上に、家族、友人、恋人とのコミュニケーションを深める場所として利用されているのだ。水が二ドル五〇セント、ホットドッグが一ドル七五セント。どの球場に行っても水が高い。

五回表が始まる前、巨大なゴム製のパチンコでファンサービスの品物がスタンドへ投げ込まれる。何個かに一つ、取ると破裂して水が飛び散る仕掛けになっているが、そんなことに構わず、投げ込まれるものに向かっていく観客たち。すごい熱気にめまいがしそうだった。

二十時五分発のメトラに乗るため、十九時四十五分に球場を後にする。スタジアム前に約束通りタクシーが待機している。親切なドライバーで助かった。タクシー代は往復（チップ込み）で十八ドル。

物悲しい警笛の音を聞いていたら、映画『アウトサイダー』を思い出した。対立する不良グループの人間を刺殺した少年が、友人と一緒に町を離れるため貨物列車に忍び込む。その列車が夜明け前、町を離れていくシーンとこの警笛の音が少年たちの不安を見事に表現していた。この日から一人になった私も不安だった。

二十一時過ぎにシカゴ市街に着く。三十分くらい歩いてホテルへ帰る。洗濯と入浴を同時にすまし、テレビを見てから一時頃に就寝した。

球場の周りでキャッチボールを

アメリカ行脚二十一日目の七月二十二日は朝十時過ぎに外出した。コミスキーパーク（現USセルラーフィールド）のあるRed LineのSox-35th駅を確認し、SUBWAYで朝食を摂った。十六時半にホテルを出てハリソン駅へ。ここの女性駅員が親切だった。往復切符の買い方を知らず財布を出したままオロオロしていると、目つきのおかしい黒人男性がカードを五ドルで買わないかと寄ってきた。女性駅員はこれを厳しい声で追い払うと、丁寧に買い方を教えてくれた。

「You are kind」と言うのが精一杯の感謝の気持ち。本当にありがたかった。

コミスキーパークに着いたのは十七時過ぎ。試合開始の十九時五分まで二時間ある。開門を待っている間、近くの芝生で少年たちがキャッチボールをしていた。日本でこういう子がいたら注意されそうだ。それ以前に、球場周辺でキャッチボールをしている子どもを見たことがない。自己規制させる大人の責任だと思う。

窓口でチケットを求めると、一三ドルのチケットが出てきた（英語を話せなくてもチケットは買えるが、望み通りのチケットは買えない）。リグレーフィールドのときのように下に降りて立ち見をしないといけないのかと思っていると、この席がいいのでびっくりする。

三塁とレフトの中間くらいの席で、右打者のライナーが怖い半面、至近距離でプレーが見られる。アメリカ野球は期待を裏切らない。この日が最後の野球観戦だが、球場内で嫌な思いをしたことは一度もない。その歴史の分厚さとともに、異国の野球ファンを迎える姿勢のよさにアメリカ野球の底力を痛感させられた。

フリーバッティングでスタンドに飛び込む打球を捕りにいくアメリカ人の姿はここでも健在だった。日本でも「グローブ持参で観戦しましょう」と呼びかけているが、日常的にキャッチボールをしない子どもたちがファウルボールを捕りにいくのは危険だと思う。まず少年たちにキャッチボールを推奨することから始めたらいい。

コミスキーパークは、バックスクリーンに名前以外の打順、ポジションも紹介されていてありがたかった。また、メジャーの試合は日本のように選手交代が多くないのがいいが、この試合は六回裏が終わった時点で二時間五十分経過していた。ちょっと長すぎる。

この日見た選手ではマグリオ・オルドネス（ホワイトソックス）が鮮烈な印象を残した。これより五年後の〇七年、イチローと熾烈なデッドヒートの末、打率・三六三で首位打者を獲得するのだが、この日のバッティングを見れば少しも不思議ではない。ライトの守備も抜群にうまかった。

時代の移り変わる現場を見た！

七月二十三日の朝十時にシカゴ・オヘア空港で搭乗手続きを終え、これがアメリカ滞在最後の日だと思うと名残り惜しかった。アメリカを一言でたとえるなら〝愛と憎しみの国〟という言葉がぴったりだ。異邦人への当たりが一人ひとり異なり、とくに各空港での検査は前年の9・11の影響か、有色人種には厳しかった。

帰国の途に就くこの日も厳しい対応を覚悟していたが、案に相違して出国検査した黒人の係官は笑顔でゲートを通してくれた。私の頭に乗っていたのは、シカゴ・カブスの野球帽。係官はそれを指差して、「カブスファンに悪い奴はいない」とばかりにウインクする。アメリカ人は本当に一人ひとりの人間性に差がある。

十二時発のノースウエスト一三五便に乗り、十三時四十分過ぎにミネアポリス着、約一時間待って十四時五十五分発の成田行きノースウエスト一九便に搭乗。飛行機の中では本を読むくらいしかできないが、運がよかったのは乗客が少ないため三人掛けの座席を一人で占領できたこと。往路の窮屈さにくらべれば楽ちん楽ちん。それでも楽に慣れればすぐに時間を持て余す苦行がやってくる。思い出すままにアメリカ滞在日記を書き、日本到着まで四時間四十分に迫った頃、強烈な望郷の念が押し寄せてきた。

それは自分の意思をきちんと日本語で表明したい欲求だった。二十日以上、発言が制限されることがこれほど苦痛だとは思わなかった。あれから十六年の年月が流れ、もう一度同じことがしたいかと問われれば、即答で首を何回も振る。そして三十分くらい経ったら「条件が整えば行ってもいい」と言うだろう。アメリカとは私にとってそういう場所である。

日本時間の七月二十四日、十六時頃に成田国際空港に到着、二十二日ぶりに私は日本の土を踏んだ。それから三日後の二十七日には神奈川大会準決勝を見に横浜スタジアムへ出かけた。チケットを買う長い行列と、強い日射を受けながら満員の席で野球を見る苦行にさらされたとき、日本に帰ってきたのだという感慨がひとしお胸に迫ってきた。

私がアメリカに渡った二〇〇二年がどんな年だったか——最も象徴的な人物がジェレミー・ブラウンではないか。結果だけ見ればメジャー通算三安打に過ぎないが、アメリカの野球界に革命を起こした『マネー・ボール』（マイケル・ルイス著）の主要登場人物、つまりセイバーメトリクス（データを基にした選手の評価方法）の尺度で見なければよさが認識されない選手、そのジェレミー・ブラウンがアスレチックスにドラフト一巡で指名されたのが、この〇二年だった。

守りのときも攻撃のときもアマチュア野球の現場にはストップウォッチとスピードガンを持ってデジタル数字をメモするスカウトやエージェントがいた。今はそれがピッチャーの球速、ボールの回転数、リリースポイントなどを計測するPITCH f/Xなどの機器に取って代わられたが、古い価値観を否定して新しい価値観を導入する発端になったのがこの二〇〇二年。そういう時代の移り変わる現場を目に焼きつけることができたのはラッキーだった。

日本では一九九三年に導入された逆指名ドラフトが前年から「自由枠」という名称に変わり、資力の豊かな球団に大学生、社会人の有力選手が入団する仕組みが出来上がっていた。プロ野球はこのときメジャーにまだ遅れを取っていた。

全力疾走しなかった十六年前

週刊文春の連載五五回目（二〇〇二年九月二六日号）で「なぜプロ野球選手は全力疾走しないのか」を書いた。アメリカから帰国し、夏の甲子園大会、都市対抗を見終わったあとのことである。甲子園大会の打者走者の一塁到達最速タイムは三・八四秒、社会人の都市対抗二回戦、ホンダ熊本対新日鉄君津戦では私が俊足の目安にしている打者走者の「一塁到達四・三秒未満、二塁到達八・三秒未満、三塁到達一二秒未満」を両チームの五人がクリアした。これは今のレベルで見ても非常に多いが、プロ野球では少なかった。

そこに映し出されたデジタル数字を見て愕然とした。九月九日の西武対ダイエー戦では、打者走者の一塁到達時間がほとんど四・五秒以上。／ホームラン、三振、凡フライ、クリーンヒットは仕方ないが、サードゴロ、ショートゴロでも流して走る選手が多すぎる。イチローは一塁到達まで三・八〇秒の俊足で内野安打の魅力を確立した。その遺産が今の日本球界にきちんと受け継がれていないと知ることは非常に残念だし、寂しいことである。（中略）／翌九月十日、東京ドームの日本ハム対近鉄戦でも全力疾走しない選手のオンパレード。その中で目立ったのは近鉄の八番・森谷昭人（中堅手）。高木同様、一、二軍の当落線上にいる選手で、一打一走に「今やらねば」という気概が見えた。／しかし、そういう立場にならないと全力疾走しないプロ野球って、ちょっと悲しい。

（週刊文春「小関順二は野球が好きです」より）

文中の「高木」とは西武の高木浩之のことで、ダイエー戦では一人だけコンスタントに四・三秒前後のタイムを計測していた（この試合で俊足の松井稼頭央は五打数四安打。全力疾走するチャンスがなかったことを断っておく）。

プロ野球選手の怠慢について伊原春樹・西武監督（当時）に聞くと、「そうなんですよね。プロの場合、打った瞬間にわかるんですよ。アウトだと思ったら普通の走りになる。内野安打だと思えば走り方も違うんだけど。常々、全力疾走と言ってるんですが、アマチュアのようなトーナメント形式じゃないですから、このゲーム、このゲームというわけにもいかないんです。せめて、攻守交代くらいはスピーディーにいけと言ってるんですが」と歯切れが悪い。

アメリカ野球を見て回ったときはストップウォッチで野球を見る習慣がなかったので彼らがどういう走りをしていたのかわからないが、二〇〇六年から始まったＷＢＣ（ワールドベースボールクラシック）を見る限り、コンスタントに一塁まで四・三秒前後で走っていたとは思えない。それでも、高校野球や大学野球が行われているバックネット裏ではストップウォッチ持参のスカウトやエージェントが群れをなしていたので、走らなければいけないプレッシャーは当時の日本よりあったと思う。そもそも日本はこの時期、走力に優れたアマチュア球児がプロ野球に進むことが少なかった。

工藤隆人という選手がまだＪＲ東日本に在籍していた〇四年、その俊足に注目しつつ「僕がストップウォッチを片手に野球を見はじめてから、打者走者の一塁到達三・八秒を記録したアマチュア選手は六十人以上いて、そのうちプロに進んだのは工藤隆人一人だけ」と書いた。

当時のプロ野球がいかに足の速さに注目していなかったかの証しである。それが〇七年になると様子が変わってきた。のちにプロ野球に進む藤村大介（熊本工高→巨人）が選抜大会の室戸高戦、三回回ってきた打席でいずれも三・八秒台を計測し、大島洋平（駒沢大→日本生命→中日）は春季リーグ戦の国学院大戦でバント安打を決め、このときの一塁到達が三・六七秒という速さだった。そういう俊足の選手がドラフト会議で徐々に高い評価を受けて指名されるようになった。

この前年、世界の野球界では各国のスター選手が出場する第一回WBCが開催され、日本が優勝している。九八年にマーク・マグワイア（カージナルス）とサミー・ソーサ（カブス）が激しくホームラン王を争ってからアメリカでは〝巨艦・大砲主義〟の野球がもてはやされたが、日本が展開した全力疾走を主体にした野球は「スモールベースボール」と言われ、世界に旋風を巻き起こした。これが国内のアマチュア野球に大きな影響を及ぼした。

PL学園のスーパー野球脳

日本がWBCで優勝した〇六年、PL学園三年の前田健太（ドジャース）を取材した。このとき私が「クイックも速いけど（一・二三～一・二八秒）もっと速くできるよね」と言うと、前田は「練習のときは一番速くて一秒を切ったこともあります。ピッチャー（クイック）とキャッチャー（二塁送球）の時計を合わせて何秒かかれば盗塁を殺せるというのがあって」と言った。

私は同年二月に『野球力』（講談社＋α新書）という本を出し、その中で「標準的なクイックスピード一・二〇秒と、標準的な捕手の二塁送球スピード二・〇〇秒を足すと三・二〇秒。その時間で二塁盗塁できるのが赤星憲広《あかほしのりひろ》（阪神）である」と書いていた。前田の取材は四月頃なので、私の本に影響されたとは思えない。ＰＬ学園ならびに藤原弘介監督（現・佐久長聖監督）の先取り精神が言わせた言葉だろう。

盗塁のタイム測定はアメリカ土産《みやげ》ではない。アメリカから帰国した翌〇三年夏の甲子園大会で隣り合った永尾泰憲・阪神スカウト（当時）から「盗塁も測れますよ」と教えられ、計測するようになったのだ。

リードの大小にかかわりなく一塁走者が走る動きをした瞬間にスタートボタン、二塁ベースに到達した瞬間にストップボタンを押し、そこで得られたタイムがプロなら三・二秒台、高校生なら三・四秒台が最速で、三・二秒台は赤星しか出せないと永尾さんは言った。ストップウォッチでそんな能力判定もできるんだと、私はアメリカで得たツールにますます夢中になった。

あれから十五年が経ち、二盗に要するタイムはもちろん速くなっている。タイムレースは指標となる数字が示されると全体のタイムが上がるというのは常識だ。一八年は九月二十日現在、二二七試合を観戦した中で島田海吏（阪神）が最速の三・〇九秒を計測し、大学生では五十幡《いそはた》亮汰

（中央大）が三・一一秒、高校生では岡本伊織（創志学園高）が三・二七秒を計測している。

盗塁を防ぐキャッチャーの二塁送球にも注目すると、一八年九月十七日に甲斐拓也（ソフトバンク）が一・七秒台の強肩で西武の四回に及ぶ二盗企図をすべて刺した。アマチュア球界でも実戦で揚村《あげむら》彰斗（九州産業大二年）が一・八三秒、石橋《いしばし》康太（関東一高三年）が一・八七秒を計測し、年々速さは増している。

ディフェンス能力が上がればオフェンス能力が上がる。次に、私が目撃した中学生の走りを紹介しながら若年層の走塁面での進歩を見ていきたい。

スーパー中学生の流れ

私が初めて中学生の野球を見たのは松坂大輔（中日）が中学三年だった一九九五年の第二回ジャイアンツカップ決勝からだ。残念ながら中学生の松坂は見たことがないが、松坂とともに春夏連覇した横浜高の主力だった小山良男（亜細亜大→JR東日本→中日）と小池正晃（横浜など）がいた中本牧《なかほんもく》リトルシニアが優勝を飾り、準優勝した越谷リトルシニアの先発、小板《こいた》佑樹は東京ドームのスピードガン表示に一三〇キロを掲示し、このときは「中学生が一三〇キロを出すのか」と溜息を洩らした。あれから二十三年後の二〇一八年には高知中学の森本大智が軟式ながら中学野球では史上初の一五〇キロを松山・坊っちゃんスタジアムで計測している。

〇三年ジャイアンツカップに話を移す。このときの打者走者の一塁到達最速タイムは四・三八秒で、その次が四・四八秒。もちろん、たいしたことはない。それよりも優勝した緑中央のキャッチャー・福田永将《のぶまさ》（横浜高→中日）の強肩や、新琴似札幌の四番、山崎雄太が放った東京ドームレフトスタンドへの二打席連続ホームランのほうが今でも強く記憶に残っている。しかし、それから三年後になると中学生の走りが変わってきた。

〇六年八月十八日のジャイアンツカップ、敗れた同士で戦うエキシビションゲーム、和歌山打田タイガース対藤井寺ボーイズ戦で和歌山打田の三番・西川遥輝（当時二年、智弁和歌山→日本ハム）が第三打席で送りバントをし、このときの一塁到達タイムが四・一一秒。五秒台で走るのが当たり前だった他の中学生の中で西川の走りは明らかに異質だった。

西川はその後、智弁和歌山高に進み、〇九年の夏の甲子園大会二回戦の札幌第一高戦で五打数二安打三打点を記録し、右前タイムリーのときの一塁到達が四・一八秒、二塁エラーのときの一塁到達が三・八〇秒、二塁打のときの二塁到達が八・一〇秒という俊足を見せた。

二〇一三年夏の日本リトルシニア日本選手権ではその西川を上回る脚力の持ち主が現れた。東京神宮の一番・五十幡亮汰が三河安城戦の第二打席でバントを決めたときの一塁到達タイムが三・六八秒。ストップウォッチの押し間違いかと思ったが、第三打席の三塁打のときの三塁到達タイムは一一・二〇秒だったので本当に速いんだと納得した。しかし、ここまでは序の口。四日後の世田谷西との決勝戦で五十幡はとんでもない走りを見せた。

第一打席の二塁ゴロで一塁到達四・〇一秒、第二打席の二塁打で二塁到達八・〇六秒、そして第三打席で一塁線を抜く三塁打を放ち、このときの三塁到達が一〇・七六秒という記録だった。〇二年の夏からストップウォッチ持参で観戦しはじめ、このとき三千試合近く見てきた中で最も速い三塁到達タイムが中学生によって計測されたという現実は、なかなか受け入れることができなかった。

試合後、明治神宮球場の通路で東京神宮チームの関係者をつかまえ五十幡のことを聞くと、この大会の前に行われた全国中学陸上競技選手権の百、二百メートル競技に出場して、サニブラウンを破って優勝しているというのだ。こういう走りのスペシャリストが高校野球の道を選択してくれるのか不安に思い、じきに引き上げてきた五十幡に進路を聞くと、「陸上より野球をやりたい」と言われ非常に嬉しかった。

その後、佐野日大に進学し、今は中央大の二年生として東都大学リーグでプレーしているが、ここからは少し批判も交えたい。この中学生の全国大会ではのちにプロ入りする藤平尚真（楽天）、島孝明（ロッテ）も出場しているが、二人より目立っていた選手の高校進学後の活躍をあまり聞かない。スーパー中学生は高校進学後〝スーパー〟な活躍をしていない。

プロより速いアマチュア球児

プロ野球選手に限定して、打者走者の各塁到達で印象深かったタイムを紹介する。

一塁到達……工藤隆人（日本ハム）三・四七秒、糸井嘉男（日本ハム）三・五四秒、荻野貴司（ロッテ）三・五七秒、西川遥輝（日本ハム）三・五七秒
二塁到達……岡田幸文（ロッテ）七・三六秒、本多雄一（ソフトバンク）七・四五秒、秋山翔吾（西武）七・五六秒、工藤隆人七・五八秒
三塁到達……杉谷拳士（日本ハム）一〇・九〇秒、荒波翔（DeNA）一一・〇一秒、秋山翔吾一一・〇三秒

コンスタントに速かったのは、工藤、糸井、青木宣親、秋山の四人だ。工藤の一塁到達三・四七秒は誰が破るのか想像がつかないくらいだし、糸井は日本ハム時代の二〇一一年七月一日、西武戦で三本の二塁打を放ち、二塁到達タイムがすべて七秒台を計測し、八月二十六日の西武戦で三塁打を放ったときの三塁到達は一一・〇六秒だった。青木は早稲田大時代、足の速さを見てドラフト候補に推した選手で、『野球力』という本には「ストップウォッチ持参で見なければよさ

に気づかなかったかもしれない選手」と書いた。それくらい速さが目立ち、ヒットでも凡打でもコンスタントに速かった。

ストップウォッチで計測していて最も胸が躍るのは三塁打だ。一一年の十月十八日に杉谷拳士（日本ハム）が三塁到達一〇・九〇秒というタイムを計測しているが、これは私が計測した中でプロによる三塁到達の最速タイム。杉谷はその前の二打席でも一塁到達三・九秒台を計測しているので文句なしの俊足と言っていい。

アマチュア球界にはもっと凄い三塁到達タイムがある。一五年にはオコエ瑠偉（関東一高）の一〇・七五秒をはじめ、鈴木薫（国学院大）一〇・七七秒、濱元《はまもと》航輝（神奈川大）一〇・八八秒、山﨑剛（国学院大）一〇・九一秒と一一秒切りが続き、翌一六年には田中達朗（日本大）が一〇・九七秒、周東佑京（東農大北海道オホーツク）が一〇・九八秒と続いた。周東は一八年のフレッシュオールスター第一打席で左中間に二塁打を放ち、二塁到達七・四七秒という「超」の字がつく俊足を披露、テレビ画面を通して健脚を証明している。

前にも書いたが、私がストップウォッチを持参して見ていた頃は、本当の俊足はドラフトで指名されることが少なかった。足が速くても打てなきゃしょうがない、という選手評価の物差しが存在していたようだ。最近ではオコエ（楽天）、山﨑（楽天）、周東（ソフトバンク）、藤岡裕大（ロッテ）という俊足の名前がぽんぽん出てくる。時代の変化を感じないわけにはいかない。

スタートした連載「野球よ、止まれ！」

二〇〇六年、週刊現代で連載「野球よ、止まれ！」がスタートした。週刊文春のときはとくにテーマを設けなかったが、この連載はストップウォッチが掲示する数値をテーマにしようと打ち合わせのときから決められた。

最初はそんなにストップウォッチの話題が続くかなと思ったが、打者走者の各塁到達以外でも、キャッチャーは二塁送球タイム、ピッチャーはクイックタイム、塁上の走者は盗塁……等々、プロ、アマに関係なく二十一世紀に生きる野球選手ならストップウォッチが掲示する数値から無縁でいられるはずがない。そんなわけで取り上げたい選手や試合を決め、後付けでストップウォッチの数値を紹介する形で連載は進んでいった。

第一回の冒頭で、「ストップウォッチ持参で野球を見るようになってわかったことは、走力に関してプロはアマチュア野球以下だということ」と挑発した。そして少しあとで「プロが参加した史上初の世界大会で優勝し、その原動力が走力にあったことで、プロ野球の日常は劇的に変化した」と続け、その変化の根拠を〇六年四月十八日に行われた西武対ソフトバンク戦に求めた。

この試合で私が俊足の目安にする各塁到達タイム「一塁到達四・三秒未満、二塁到達八・三秒未満、三塁到達一二・二九秒未満（現在は三塁到達一一秒未満を俊足の目安にしている）」をクリアしたのはソフトバンク六人、西武四人。週刊文春の連載では、プロ野球が走らない根拠を〇二年の西武対ダイエー戦に求めているので、四年間でプロの走りは劇的に変化したことがわかる。

連載四〇回目にはプロとアマチュアの試合時間の差についても触れている。ヤクルト対オリックス戦（試合時間二時間三二分）とアマチュアの早慶戦（二時間四八分）を比較して、攻守交代、ピッチャーの投球間隔、イニング間の投手交代に要する時間を検証した。

攻守交代はプロが二分一〇秒、アマが一分五〇秒、投球間隔はプロが一五秒、アマが八秒、イニング途中の投手交代にかかる時間はプロが四分以上、アマが二分三〇秒。それらを総合するとヤクルト対オリックス戦はプレー以外の部分で早慶戦より三〇分以上かかっていた。

「それでいて試合時間が一七分短いのは、プレーの中身がないということに他ならない。観客数で二万人以上の差をつけられているのは当然なのである」と痛烈である。このようにして、週刊現代の連載は迷いなく進み、テーマも多岐にわたっていった。

慶応大と首都大学リーグに史上初の偉業

一八年五月七日の東京六大学リーグ、立教大対慶応大戦で〝史上初〟が体験できた。私が俊足の目安にしている打者走者の「一塁到達四・三秒未満、二塁到達八・三秒未満、三塁到達一二秒未満」を全イニングで達成するチームが現れたのだ。達成したのは慶大だ。

この日の慶大のスタメン構成は左打者四人、右打者五人。対する立大は左打者八人、右打者一人。一塁到達タイムは左打者のほうが〇・二～〇・三秒速いと言われているので、立大のほうが機動力を使いたがっているのは明白である。しかし、実際のタイムクリアは立大の一人一回に対して慶大は六人一七回。さらに慶大は一～九回まで、全イニングでタイムクリアを達成している。こんなチームは初めて見た。

二番の河合大樹は五打席中三本のクリーンヒットがありながらすべてタイムクリアし（ヒットのとき全力疾走する選手は少ない）、六番内田蓮もレフト前ヒットのとき四・二五秒で一塁に到達している。この河合、内田と柳町達《やなぎまちたつる》、瀬戸西《せとにし》純、渡部遼人の五人が左打者としてタイムクリアを達成し、右打者は中村健人だけが遊撃手のエラーのとき四・三秒未満で一塁ベースを駆け抜けている。

右打者は確かに一塁ベース到達には不利だが、変則や技巧派の左腕を苦にしない長所がある。この試合では四番郡司裕也が五回にソロホームラン、五番嶋田翔が二本の安打を放ち技巧派左腕の田中誠也を五回限りで降板させている。足を使える左打者と走者を還せる右打者が並ぶ打線は理想的と言ってもいいだろう。

二日前の五月五日の首都大学リーグ、桜美林大対帝京大の走り合いも迫力があった。私が俊足の目安にしているタイムをクリアしたのは桜美林大の六人一一回に対して帝京大は七人一三回。

帝京大は八回表に俊足のタイムクリアが途絶えたが、あとの八イニングではタイムクリアを持続していた。帝京大が慶大とほぼ同じく左打者五人、右打者四人という構成で、桜美林大も左打者五人、右打者四人と〝左打者偏重〟ではないのがいい。

この首都大学リーグで目を引くのは全力疾走だけではない。他に例を見ないピッチャーの球数制限を実施しているのだ。

◇先発一戦目は球数制限をしない。
◇二戦目は、前日に一二一球以上投げた場合は、翌日五〇球までとする。但《ただ》し投球中に五〇球を超えた場合はイニング終了まで可とする。
◇一戦目で一二〇球以下の場合は連投を妨げない。
◇雨天で一日あけた場合は制限を設けない。

（首都大学野球連盟「投球数ガイドライン」より）

この球数制限で首都大学リーグの投手がどうなったかというと、複数の好投手が各校に揃うようになった。日本体育大には二〇一八年のドラフト一位松本航、二位東妻《あづま》勇輔が並び立ち、三年に吉田大喜、北山比呂、二年に森博人、吉高壯がいる。春のリーグ優勝校、東海大には四年の飯嶋海斗、青島凌也を筆頭に、三年に原田泰成、二年に小郷《おごう》賢人、山﨑伊織というプロ注目の本格派が控えている。投手を成長させるのは実戦での経験だ。一人のエースにずっとマウンドを独占されたら、他にいくら好素質の投手がいても芽を出すことは難しい。

これと対照的だったのが東都大学春のリーグ戦の第八週、東洋大対亜大の三連戦だ。東洋大は上茶谷《かみちゃたに》大河、亜大は中村稔弥《としや》という四年生エースを三連投させたのだ。

◇上茶谷大河

第一戦／七回・一〇一球、第二戦／六回・七二球、第三戦／六回・五八球

◇中村稔弥

第一戦／九回・一四二球、第二戦／八回・九七球、第三戦／三・三回・七一球

東洋大は勝ち点を挙げれば優勝が決まるのでエースの三連投はまだ理解できるが、亜大は優勝も最下位も関係ない試合でエースを三連投させた。この春の投球イニングを見ると、上茶谷は七〇・二回（チーム二位はドラフト一位候補の甲斐野央の二〇回）、中村は七七回と他を圧している。

首都大学リーグに目を転じると、日体大・松本が六一回、東妻が三四・二回、東海大・原田が四〇・二回など、東都にくらべると穏やかである。投球数ガイドラインを作成してピッチャーを

酷使から守ろうとし、その副産物として他のピッチャーが起用されやすい環境も生みだしている首都大学リーグ。どちらが新時代にマッチした起用法かは言うまでもない。

日体大は昔ながらの体育会の上下関係を改める「体育会イノベーション」にも取り組んでいる。同校野球部ホームページには「一年生が部や先輩の雑用を行うなど下級生の負担が大きい。上級生が神のように威張り、下級生はチームや寮の雑用や先輩への気遣いで、勉強や野球どころではなくなってしまう。我々、日本体育大学野球部は、悪しき体育会の伝統を排除し、上級生が率先してチームや寮の雑用を行い、後輩の面倒をみる」と高らかに謳《うた》い上げている。他の大学リーグだけでなく、高校、社会人でも見習える部分があるはずだ。

昨日の常識が明日の常識でなくなる

現在の野球界はプロ、アマに関係なく、イノベーション（新機軸）の嵐が吹き荒れている。二十年連続負け越していたピッツバーグ・パイレーツが打者にゴロを打たせるのに有効な球種をデータから編み出したのをきっかけに、ではどうしたらゴロを打たないようにすればいいのか反証したところから、現在、世界で吹き荒れている「フライボール革命」が沸き起こった。

日本ではアッパースイングを推奨するような言論が活発だが、私のアメリカ野球行脚のところで紹介した永井一彦氏は「バットがストライクゾーンに長くあればあるほどいい」バッティングと、当時所属していたノースフロリダ大の監督から助言されたと語ってくれた。これはアッパースイングというよりレベルスイングの推奨と言っていい。〇二年の話である。

一七年六月に取材した筒香嘉智（DeNA）は、話の中で出てきた梶谷隆幸を例にして、「梶さんも（バットが）上から出ているように見えるんですけど、手首の使い方がうまいのでバットは必ず平行に出ています。上から下という軌道では振ってないです」と言い、「いいバッターはみんな、バットは絶対肩より下から出てきています。肩より上から出てくるバッターはいないですよ」と続けた。

イチローはオリックス在籍時から素振りでバッティングの手本を見せていた。バットを縦に振り出して、フォロースルーで大きく上に振り上げる。つまり、素振りの軌跡をVの字に描いてみせた。理想のスイング軌道である。

ピッチャーも密かにアメリカ型と言っていいスタイルが起こり始めている。一八年六月二十六日に行われた社会人野球の関東選抜リーグ、JR東日本対東芝戦を見ていたときのこと、太田龍、西田光汰（ともにJR東日本）のピッチングフォームが東芝のピッチャーとどこか違うのだ。

約一か月後の都市対抗、JR東日本対新日鉄住金鹿島戦を見てその理由がわかった。板東湧梧も西田も（一か月前に見た太田も）上げた左足の着地（ステップ）が早い。普通はテイクバック時、左足は少し浮いているが、JR東日本の右腕たちはしっかり着地している。

メジャーリーグに挑戦する日本人投手はアメリカのマウンドの固さに戸惑わないように、日本在籍時からステップを狭くし、上半身主体のピッチングフォームに変える。ＪＲ東日本のスタイル変更は、日本流からメジャー流へ常識を転換しようとしているように見える。ちなみに、ＪＲ東日本硬式野球部は一八年二月に一八日間フロリダキャンプを敢行している。

バントが百個以上減っている

二〇一八年の甲子園大会でもいろいろな変化があった。ピッチャーはストレートの速い選手が増えた。松坂大輔が横浜高を率いて甲子園大会を制した一九九八年夏、一四〇キロ以上を計測したピッチャーは七人いたが（松坂の最速は一五一キロ）、二十年後の一八年には六十一人に増えていた（いずれも雑誌『報知高校野球』調べ）。

バッターは史上最多の六八本塁打を記録した一七年より本数を減らしたが、史上四番目となる五一本塁打を記録。六八本塁打のときは〝飛ぶボール〟の復活を疑い、技術が伴っていないなど批判も飛び出したが、プロ野球の阪神タイガースはホームラン数が少なく（一八年はリーグ最下位）、甲子園球場にラッキーゾーンを復活させる話がたびたびネット上で囁《ささや》かれている。

二十年前との比較なら犠打（バント）の減少も目立つ。『報知高校野球』を参考にしながら一九九八年と二〇一八年を比較してみよう。九八年は降雨コールドゲーム一試合を含む五五試合が行われ、三〇九個の犠打があった。一試合平均で見ると五・六個という多さである（犠打の中には犠飛も含まれている）。

それが二十年後の一八年には五五試合で一九九個に減っている。一試合平均三・六個。ピッチャーは一四〇キロ超えが九倍近く増え、ホームランは三四本から五一本に増え、犠打は反対に一〇個も減っているという現実。野球観が二十年前とは百八十度変わっている。

その変化を象徴したのが愛工大名電高だ。同校は現在の倉野光生監督に代わってから確実に一点を取りに行くバント戦法を軸に据えセンバツ大会で優勝、準優勝を一回ずつ手にし、戦績は一二勝四敗。その半面、夏の選手権は九〇～一三年まで初戦を七連敗、つまり一回も勝てなかった。その敗因を打力の弱さと認め、戦法をがらりと変えたのである。

倉野監督はタイムリー・ウェブというサイトの中で一七年に中村奨成（広陵→広島）が六本のホームランを放ったのが戦法の変化のきっかけになったと言い、「甲子園でも本塁打がバンバン出る。バットを振るという技術、能力がすごく進化している。そういう素材の選手が、ウチの中にもいるだろうと。好投手からはなかなか連打できないし、ランナーが出ないことにはバントもできない。でもホームランや長打が一本出れば点は取れる」と語っている。一八年で六十歳を迎える人の言葉とは思えない。

ちなみに、二〇〇四年にセンバツ大会で準優勝したときどれくらい犠打を記録したのか調べてみた。一回戦・一〇個、二回戦・六個、準々決勝・六個、準決勝・五個、決勝・六個の計三三個である。一試合平均六・六個。ここから、バントゼロに舵を切り、一八年は初戦（二回戦）の白山戦、三回戦の報徳学園戦ともバントはせず、倉野監督にとっての夏初勝利を手にした。

野球は「進化」というより年々「形」を変えている。野茂英雄のドジャース移籍以前、鎖国状態にあった日本のプロ野球はセ・パ両リーグによる対抗戦という意味合いしかなかった。それが九五年以降、NHKのBS放送でメジャーリーグの試合が日常的に放送され、国内リーグの試合との差が目につくようになった。メジャーリーグにくらべてピッチャーの投げる球は遅く、バッターの打球は弱く、走塁も今のように速くなかった。

世界が急に開けてメジャーリーグとの差を突きつけられ、日本の野球はプロもアマチュアも変貌を余儀なくされた。そういうスタイルの変更には「苦渋」のイメージしかないが、愛工大名電のバントゼロの取り組みはつらく見えない。というより、楽しそうだ。この小さな流れは大きな流れに発展するかもしれない。

コラム

分離ドラフトと現在のプロ野球の勢力図

二〇〇五～〇七年の三年間に行われたのが高校生と大学生&社会人を別々に指名する分離ドラフトである。〇四年のプロ野球再編騒動によって九三年以降行われている不平等ドラフト（逆指名→自由枠）が希望枠と名を変えて〇五～〇六年まで続き、〇五～〇七年の分離ドラフトを経て、二〇〇八年から統一ドラフトになって現在まで続いている。

この流れの中にある分離ドラフトは鬼っ子のようである。なぜこんな制度を再編騒動の末に生み出してしまったのか理解できないが、この三年間の指名が現在のプロ野球の勢力図に大きく関係している。

「高校生の逸材も大学生&社会人の逸材もかき集めることを目的とした制度」と言ってしまえば、発想元は巨人と見当がつくが、実際に三年間の指名を見ると、巨人以外の球団のほうがいい指名をしている。

まず、分離ドラフトで目立つのは高校生野手の成功例である。（〝成功選手〟の基準は「投手は三〇〇試合登板、五〇勝〈一セーブ、一ホールドは〇・五勝〉、野手は一〇〇〇試合出場、五百安打以上」の選手）。

数は投手、野手とも大学生&社会人のほうが多いが、一人ひとりの成績のスケールは高校生のほうが大きいのがわかる。

〇五年なら陽仲壽《ちよんそ》（岱鋼、福岡第一高→日本ハム）、岡田貴弘（T－岡田、履正社高→オリックス）、炭谷銀仁朗（龍谷大平安高→西武）、平田良介（大阪桐蔭高→中日）の一巡指名以外でも、宇部銀次（銀次、盛岡中央高→楽天）、川端慎吾（市和歌山商高→ヤクルト）と、タイトル経験者、あるいはジャパン代表クラスと言ってもいい錚々たる顔触れが並ぶ。

それに対して大学生&社会人はチームにいなくてはならない脇役、あるいは予備人員と言っていい選手が多い。以前、スカウトの人から「野手は高校生、投手は大学生&社会人を軸に指名する」と言われたことが、この分離ドラフトの結果を見ればそれが納得できる。

この三年間に指名された選手で打順を組んでみた。

高校生

（中）陽　岱鋼
（右）丸　佳浩
（遊）坂本　勇人
（一）中田　翔
（左）中村　晃

大学&社会人

（二）本多　雄一
（中）聖澤　諒
（左）角中　勝也
（三）松田　宣浩
（一）松山　竜平

（指）平田　良介　（指）長谷川勇也
（二）銀　次　（右）藤井　淳志
（三）川端　慎吾　（遊）大引　啓次
（捕）炭谷銀仁朗　（捕）嶋　基宏

投手は三年間の成功総数が高校生七人、大学生&社会人十三人と差がついた。ただ、高校卒投手の中には現在メジャーリーグで活躍している田中将大（駒大苫小牧高→楽天）、前田健太（PL学園高→広島）もいるので、盤石のエースを育てたい球団は高校生から目が離せない。

この分離ドラフトの結果は「全体的なドラフトの傾向」と敷衍《ふえん》して考えていい。将来の中心打者はその年度を代表する高校生の好・強打者、中心投手は大学生&社会人の有力選手、彼らを一、二位で指名し、三位以下は大学生&社会人を中心に考える、これがドラフトを考えるときの基本線だろう。

ドキュメント2018・10・25

吉田、根尾、藤原……
高校生たちの未来予想図

高校生野手一位競合の衝撃。結果が出るのは十年後だが、十二球団の指名をどのように評価するのか。野球は「点取りゲーム」という源流に回帰するのか?（写真は夏の甲子園）

高校生野手の逆襲

ドラフト会議は一九九〇年以来、グランドプリンスホテル新高輪で行われている。スポーツライターとして活動する以前、ドラフトの当日ここにきて雰囲気だけ味わっていたが、会場の近くにいてもテレビ、ラジオは一位しか放送しておらずネットも普及していないので、どのような指名が行われているのかわからなかった。

どのようにして新聞、テレビ、ラジオの報道より先に結果を知ったのかというと、人に聞いた。十二球団の一〇位指名まで書き込める表を作って公衆電話のボックス内に入り込み、スポーツ紙の編集部に電話をして、「選手の苗字だけでいいですから教えてください」とお願いした。電話に出た人は毎回、早口で教えてくれた。指名した球団名と指名された選手の苗字だけ速射砲のように言う編集部の人と書き写す私。ドラフト当日を迎えると必ずこのことを思い出す。

私がドラフト会議の解説を務めたのはCS放送局スカイAが中継を始めたのと同じ九九年から。前年の九八年は春夏の甲子園大会を連覇した松坂大輔（投手・横浜高）をはじめとして上原浩治（投手・大阪体育大）などその後のプロ野球で活躍する選手が勢揃いしていて、ドラフト会議への注目度も高かった。言葉は悪いが放送局は「二匹目のドジョウ」を狙ったのである。

この年の一位指名は地上波のテレビ朝日が中継し、二位以下をスカイAが引き継いで最後まで放送し、翌年以降は一位から最後まで（二〇〇五年以降は育成ドラフトの最後まで）スカイAが中継している。あれから二〇回連続で解説を務めたが、一八年の放送では十九年前の私の映像が少しだけ紹介され、あまりの若さに驚いた（と言っても四十七歳になる直前だったが）。

かつてドラフトは「職業選択の自由」とか「人権」とか、社会的問題として取り上げられることが多かった。それが今は、指名会場の真ん前に野球ファン一〇〇〇人が鎮座し、意外な名前が読み上げられると「ウォー！」、甲子園で活躍した人気選手の名前が読み上げられると「ウォー！」と叫び声が上がる。その様子を放送ブース内のモニターで見ていて不思議な気持ちにさせられた。十九年前は〝強面《こわもて》〟の代表格だったドラフトがショーアップされ、人気コンテンツとしてすっかり定着しているのだ。こういう変化はまったく想像できなかった。

一八年のドラフトでは指名がどのように進行していったのか、ここからドキュメント風に追っていこうと思う。

藤原、根尾、小園が一位競合！

十二時前に会場に入り控室の机の上に置かれた各スポーツ紙を見ると、十二球団の一位入札予想選手が書かれていた。

〈各スポーツ紙の一位入札予想〉

	日刊スポーツ	スポーツニッポン	スポーツ報知	サンケイスポーツ
楽天	根尾　昂	根尾　昂	根尾　昂	藤原恭大
阪神	根尾　昂	藤原恭大	根尾　昂	根尾　昂
ロッテ	☆藤原恭大（球団がすでに藤原の一位入札を公表）			
中日	☆根尾　昂（球団がすでに根尾の一位入札を公表）			
オリックス	☆小園海斗（球団がすでに小園の一位入札を公表）			
DeNA	根尾　昂	上茶谷大河	根尾　昂	吉田輝星
日本ハム	根尾　昂	根尾　昂	根尾　昂	根尾　昂
巨人	☆根尾　昂（球団がすでに根尾の一位入札を公表）			
ソフトバンク	☆小園海斗（球団がすでに小園の一位入札を公表）			
ヤクルト	☆根尾　昂（球団がすでに根尾の一位入札を公表）			
西武	松本　航	根尾　昂	吉田輝星	松本　航
広島	小園海斗	小園海斗	小園海斗	小園海斗

六球団が前日までに一位入札選手を公表しているのは珍しいが、高校生野手の根《ね》尾昂《おあきら》（遊撃

手・大阪桐蔭高）、藤原恭大《きょうた》（外野手・大阪桐蔭高）、小園海斗《こぞのかいと》（遊撃手・報徳学園高）に人気が集中しているのも目を引いた。一七年に四人の高校生野手、清宮幸太郎（一塁手・早稲田実高）、安田尚憲（三塁手・履正社高）、村上宗隆（捕手・九州学院高）、中村奨成（捕手・広陵高）が一位指名されたが、それ以前に高校生野手が四人以上指名されたのは、九五年の六人を筆頭に、九四年（嘉勢敏弘を含む）、九八年、〇二年（坂口智隆を含む）の四人だけだ（一次、二次に分けて行われた六六年、分離ドラフトで行われた〇五〜〇七年を除外）。それらの年度を見れば高校生野手への注目度が一九九四年以降に高まっていることがわかる。つまり、最近の傾向である。

このことを頭に入れて、誰が一位入札されたのか順に見ていこう。楽天はサンスポだけが予想していた藤原、阪神はスポニチだけが予想していた藤原、ロッテは公表していた藤原を入札し、三人の名前が読み上げられると、一〇〇〇人のファンの間からどよめきが湧き起こった。

中日は公表通り根尾、続いてオリックスとＤｅＮＡは小園、日本ハムは四紙が予想した根尾、さらに巨人、ソフトバンク、ヤクルトが公表していた根尾、小園、根尾を入札し、西武は日刊とサンスポが予想していた松本航《わたる》（投手・日本体育大）、広島は四紙が予想していた小園を入札して、最初の一位入札が終了した。指名が重複したのは藤原、根尾、小園の三人で、唯一、松本を単独指名した西武が交渉権を獲得し、これから十一球団による抽選（クジ引き）が行われる。

藤原への入札は楽天、阪神、ロッテの三球団で、リーグ比率はパ二対セ一。

根尾への入札は中日、日本ハム、巨人、ヤクルトの四球団でリーグ比率はセ三対パ一。小園への入札はオリックス、DeNA、ソフトバンク、広島の四球団でリーグ比率は二対二。抽選の結果は確率通り、藤原はパ・リーグのロッテ、根尾はセ・リーグの中日、そしてセ・パ半々だった小園はセの広島に交渉権が渡った。

外れ一位の入札では、楽天、阪神、巨人、ソフトバンクが辰己《たつみ》涼介（外野手・立命館大）で重複し、抽選で楽天が交渉権を獲得し、DeNAとヤクルトは上茶谷《かみちゃたに》大河（投手・東洋大）で重複し、抽選でDeNAが交渉権を獲得した。

驚いたのはオリックスが外れ一位で入札した太田椋《りょう》（遊撃手・天理高）だ。高校生野手の一位指名は根尾、藤原、小園の三人だと思っていたのが、太田の指名で四人の一位指名が決定した。時代が変わったことをしみじみと痛感したが、続いて日本ハムが甲子園のヒーロー、吉田輝星《こうせい》（金足農高）を単独指名すると一〇〇〇人の歓声がひときわ高く会場に轟いた。

外れ外れ一位ではいずれも指名が重複せず、阪神が近本《ちかもと》光司（外野手・大阪ガス）、巨人が高橋優貴（投手・八戸学院大）、ソフトバンクが甲斐野央《ひろし》（投手・東洋大）、ヤクルトが清水昇（投手・国学院大）を指名し、各球団の一位指名が無事終了した。

放送ブースにいるのは私以外ではスポーツライターの西尾典文さん、ABC朝日放送アナウンサーの小縣《おがた》裕介さんの二人で、指名会場からレポートを送ってくれるのはフリーアナウンサーの村田匡輝《まさてる》さんだ。

「近本は（二軍監督時代に）ファームで対戦して自分の目で見ていた。センターラインに必要な選手で、赤星（憲広）に近い」（矢野燿大・阪神新監督）

「高校生三人（根尾、藤原、小園）はほしいけど、現状を考えて松本（航）を選択した。体が強く、試合が作れる」（辻発彦・西武監督）

「（藤原は）西武の秋山（翔吾）、ソフトバンクの柳田（悠岐）のように見える。一番を打てる選手」（下敷領《しもしきりょう》悠太・ロッテスカウト）

「（太田椋は）抜群のセンス。全方向にホームランが打てて、野球に向かう姿勢が素晴らしい」（谷口悦司・オリックススカウト）

「（甲斐野央は）きれいな回転のストレートと垂直に落ちるフォークボールが武器。けん制、守りもよく、負けん気が強く、向上心が強い。即戦力」（宮田善久・ソフトバンクスカウト）

これら以外でもバスの中でも読書する根尾の勉強熱心さが紹介され、「時々寝ているのを見るとホッとする」という西谷浩一・大阪桐蔭高監督のコメントが二人の師弟関係をよく表していた。

各球団の監督やスカウトのコメントが次々と村田さんから送られ、それに対して西尾さんと小縣さんと私が反応して、指名された選手のイメージを増幅していく。難しい作業だが、長所だけでなく短所もしっかり話し、「ほめ殺し」にならないように伝えていけたと思う。

思想面で高評価は巨人とヤクルト

二位以下は一八年シーズンの下位球団からウェーバー方式で指名していく。一八年は交流戦で勝ち越したパ・リーグの最下位・楽天からスタートし、次にセ・リーグの最下位・阪神、それ以降もロッテ、中日という流れで指名していく。入札した時点で交渉権はその球団のものになる。

二位指名で私が評価したのはロッテ・東妻《あづま》勇輔（投手・日本体育大）、中日・梅津晃大《こうだい》（投手・東洋大）、日本ハム・野村佑希（内野手・花咲徳栄高）、巨人・増田陸（遊撃手・明秀学園日立高）、西武・渡邉勇太朗（投手・浦和学院高）、広島・島内颯太《そうた》郎《ろう》（投手・九州共立大）の六球団である。ヤクルトの中山翔太（内野手・法政大）を入れて二位で指名された野手は七人になり、一位指名の野手が根尾、藤原、小園、太田、辰己、近本の六人なので、一、二位の投手と野手の比率は、投手十一人、野手十三人になる。私は一人でドラフト予想をするとき投手十六人、野手八人くらいになるようにしている。それが通常の比率で、一六年などは投手二十人、野手四人という投高打低ぶりだった。それが特別珍しいことではない。一八年が特殊すぎるのである。

ここで全体を俯瞰すると各球団のやりたかったことが見えてくる。巨人は一位で根尾、辰己を外して知名度のない左腕・高橋を指名したためファンから批判されているが、二位増田陸、三位直江大輔（投手・松商学園高）、四位横川凱《かい》（投手・大阪桐蔭高）、五位松井義弥（三塁手・折尾愛真高）、六位戸郷翔征《とごうしょうせい》（投手・聖心ウルスラ学園高）と五人の高校生を指名している。

原辰徳新監督のもとに編成されたコーチ陣は、一軍が吉村禎章（ＰＬ学園高）、水野雄仁《かつひと》（池田高）、後藤孝志《こうじ》（中京高）、元木大介（上宮高）、鈴木尚広《たかひろ》（相馬高）、相川亮二（東京学館高）、ファームが井上真二（熊本工高）、堂上剛裕《たけひろ》（愛工大名電高）、藤村大介（熊本工高）と高校卒が九人並んでいる。一八年の他球団を見ると、日本ハム十人、ソフトバンク九人など、高校生を多く指名する球団は指導者も高校卒が多い。そういうソフト面に巨人は目を向けたのかなと思った。

ヤクルトは二〇一七年、一位入札した清宮幸太郎を抽選で外し、村上宗隆を獲得した。同年出版した拙著『プロ野球問題だらけの12球団』には、「十二球団の中で投手陣の質と量が最も劣るのはヤクルトである。（中略）高校生野手を一位で指名する余裕があるのか、というのが私の意見である」と書いた。そして、今年も一位で高校生野手の根尾を入札した（抽選で外し、さらに上茶谷を外して清水昇を獲得）。獲得した選手を見れば即戦力志向は変わらず、「五年後の視点が足りない」と批判されるべきだが、最初の入札で二年続けて大物の高校生野手に向かったところに、チーム強化に対する並々ならぬ意欲を感じる。

巨人もヤクルトも今ドラフトの指名は失敗と言っていい。Number Web「〝Mr.ドラフト〟の野球日記」というサイトでは巨人六〇点、ヤクルト五〇点と採点したが、「思想部門」があれば九〇点くらいつけただろう。来年以降につながる姿勢のよさは評価できる。

ロッテ、日本ハム、中日が最高の指名

藤原を獲得したロッテは思想面で優れ、抽選ではクジ運の強さも発揮している。一七年は清宮の外れ一位で安田を獲得、この大器に続いて一八年は藤原を獲得し、一四年以来、五年間のドラフトでは中村奨吾、平沢大河、安田、藤原と四人の野手を一位で獲得している。以前は即戦力候補の大学卒、社会人出身のピッチャーばかり指名していたことを思えば劇的な変化である。〇一年三巡で今江敏晃、〇二年一巡で西岡剛を指名し、彼らが主力となった〇五年に日本一まで駆け上がっているが、その再現が近い未来に起きそうである。

日本ハムは一位で入札した根尾を抽選で外したが、外れ一位で吉田を単独指名できた。テレビ番組で四〇〇勝投手の金田正一氏が「これからもっともっと懐を大きく間を取る投手にならないと。前へ前へ投げすぎ」と批判したらしいが、私もまったく同意見である。しかし、日本ハムは高校卒の育成能力にかけては十二球団ナンバーワンと言っていいので、金田氏の言う弱点はそれほど直すのが難しいとは思わない。

ドラフト前、吉村浩GMに一年目を終えた田中瑛斗《えいと》（投手・柳ヶ浦高→三位）と北浦竜次（投手・白鷗大足利高→五位）は来年一軍で投げるのではと聞くと、「田中はもう少し先です。北浦は左腕の先発で出てくると思います」と話してくれた。三位と五位の高校卒投手である。髙橋純平

（ソフトバンク・一五年一位）の伸び悩みを見ると、日本ハムの育成能力と輩出スピードに驚かされる。なお、このとき大船渡高の佐々木朗希の話を振ると、「来年（一九年）一月には獲得宣言する」とのことである。早い獲得宣言で佐々木の重要さを各方面に知らしめたいという思いがあるのだろう。

中日は一位入札で四球団が重複した根尾をみごとに抽選で獲得し、チーム改革の足掛かりができた。中日が高校生野手を一位で獲得したのは一一年の高橋周平以来七年ぶりのこと。伸び悩みが顕著だった高橋は一八年にキャリアハイとなる打率・二五四、安打一一〇、本塁打一一、打点六九を記録した。根尾が安心して入団できるというより、中日のコーチ陣が若い選手を指導する自信がようやくついたという感じだ。

二位では東都大学リーグ一勝ながら大器と言われ続けている梅津晃大（投手・東洋大）を獲得。春のリーグ戦を見ているとき近くにいた苑田聡彦・広島スカウト統括部長に「東洋大の三人（上茶谷、甲斐野、梅津）の中で誰が一番いいですか」と聞くと、即答で「梅津」と返ってきた。ウエーバー順で下位の広島・苑田さんはどんな思いで中日の指名を見ていたのだろう。

四位の石橋《いしばし》康太（捕手・関東一高）は私にとって今ドラフト最大の注目選手である。一五年都市対抗準決勝前に行われたエキシビションゲーム、リトルシニア選抜対ボーイズリーグ選抜でリトルシニアの四番・捕手でスタメン出場した石橋は二回と四回に二盗を許すが、このときの二塁送球タイムが一・九五秒、一・九六秒というプロ野球でも上位の速さだった。

一八年六月に花巻東高を招いて行われた親善試合でも四番・捕手でスタメン出場し、二盗の企図がなく実戦での送球タイムは計測できなかったが、イニング間の送球では最速一・八九秒を計測した。二位くらいの指名を考えていたので四位には気が抜けたが、将来のレギュラー候補だと私は思っている。

日本ハムは相変わらずドラフト巧者だ。一位入札した根尾を抽選で外し、外れ一位で甲子園のヒーロー、吉田輝星を獲得し、栗山英樹監督は「吉田か根尾か、最後の最後に根尾に決めたので、吉田の交渉権を獲得できたのは本当に嬉しい」と言葉を振り絞った。

面白かったのは吉田のコメントだ。北海道の印象を聞かれ、「秋田より雪の質がいい」と笑わせ、ピッチャーとしての目標を聞かれると「変化球が生きるストレート」と答え、「常時一五〇キロをめざす」と、ここは真剣な顔で答えていた。

二位の野村佑希（内野手・花咲徳栄高）は一八年夏の甲子園大会でこんなことがあった。第二記者席にいる私の後ろでベテランスカウトの広島・苑田氏と日本ハム・今成泰章氏が肩を並べて野村のことを熱心に話し合っていたのだ。その声の調子が非常に熱く、若かったので、私はその時点で野村が二位くらいで指名されると確信した。

三位の生田目《なばため》翼（投手・日本通運）は上位指名が予想された本格派だ。ストレートの最速が一五五キロを計測する豪腕でありながら、カーブ、スライダー、チェンジアップなど多彩な変化球を操る技巧派の顔も持ち、中盤にストレートが一五〇キロを計測するスタミナもある。どうしてこんなにいいピッチャーが三位に甘んじなければならないのか不思議だ。

例年ならストレートの速さと完成度の高さを備えた生田目や齋藤友貴哉《ゆきや》（Ｈｏｎｄａ→阪神四位）は上位で指名されるが、社会人で最も高く評価されたのはソフトバンクが二位で指名した杉山一樹（三菱重工広島）だった。「未完の大器」という言葉がぴったりくる本格派で、全球団のフロントの目が来年ではなく五年先に向けられていたことがわかる。その半面、一年先に力を発揮する生田目、齋藤のような選手が上位から遠ざけられてしまった。不運としか言いようがない。

生田目同様に上位指名が一部で予想されていた柿木蓮（投手・大阪桐蔭高）を五位で指名し、一七年の明治神宮大会で星槎道都大を準優勝に導いた小柄な左腕、福田俊を七位で指名し、上位から下位まで無駄なく逸材を獲得した印象である。さすがに日本ハムはドラフトがうまい。

広島、西武、ソフトバンクの戦略

広島は四球団が一位入札で重複した小園を抽選で獲得し、二位が九州共立大の本格派右腕、島内颯太郎、三位が林晃汰（三塁手・智弁和歌山高）、五位が田中法彦《のりひこ》（投手・菰野《こもの》高）と上下に満遍なく好素材を指名した。

小園以外で注目したのは五位の田中で、一七三センチという上背のなさのためか、「ドラフト候補」として表組で紹介された中には評価をCにしたスポーツ紙もあった。私が見たのは一七年七月の三重県大会で、ストレートは最速一四七キロを計測し、腕を振って投げる横変化のスライダーや縦変化のカーブのキレも素晴らしかった。こういう選手を下位で指名し、一流にしていくのが広島という球団の魅力である。

西武が一位で単独指名した松本航（投手・日本体育大）には可能性を感じる。速いストレートを投げる本格派の顔と多彩な変化球を操る技巧派の顔がうまく融合して、レベルの高い首都リーグで通算三〇勝を積み上げた。ロッテが二位で獲得した東妻勇輔とはチームメートで、一七年の明治神宮大会では八〇年以来となる二度目の優勝に大きく貢献している。

二位の渡邉勇太朗で注目したのは大谷翔平（エンゼルス）のピッチングの「完コピ」である。渡邉を評価するとき私はいつも「美しい投球フォーム、合理的で非の打ちどころのないフォーム」と書いてきたが、大谷に似せることによって得られた技術的長所は数少なくなかったということだろう。

ソフトバンクもドラフト巧者ぶりを発揮した。一位で入札した小園、辰己を抽選で外し、外れ外れ一位で東洋大の守護神、甲斐野央を獲得した。一位入札の有力候補に数えられていた選手で、よくここまで残っていたと思う。サファテ、岩嵜《いわさき》翔が故障で一年を棒に振っているだけに、ストレートが最速一五九キロを計測するアマチュア球界最速の右腕を獲得できたことはチーム事情にも合っている。

二位の杉山一樹は社会人でありながら全国大会の実績が少なく評価が難しい選手だが、はっきり言えることが二つある。まずストレートが速く（最速一五三キロ）、投球フォームがきれいでまとまっていること。「まとまっている」のに「未完成」というのは矛盾しているが、投げる姿を見れば頷けるはず。それくらい、きれいな投球フォームで投げる。

三位野村大樹《だいじゅ》（三塁手・早稲田実業高）、四位板東湧悟《ゆうご》（投手・ＪＲ東日本）も高く評価してきた選手だ。野村は四月に行われた東京大会準々決勝・関東一高戦で初回にレフト方向にツーランホームランを放つのだが、その飛距離がすごかった。レフトフェンスの三段目に「ＡＮＳ」という広告看板があり、打球はその上に達したのだ。三塁→捕手→三塁と守備位置が一定しなかったことが不安視されるが、最も難しいポジションのキャッチャーで二塁送球一・八六秒という超高校級のタイムを記録し、投手のリードでも技巧派が揃う投手陣をよくリードした。どこを守ってもある程度はこなしていける選手だろう。

不本意だったオリックス、楽天、阪神、ＤｅＮＡ

ここまで紹介してこなかったのはオリックス、楽天、阪神、ＤｅＮＡの四球団だ。はっきり言って不本意な指名だったと思う。オリックスは小園を抽選で外して、同じ高校生の遊撃手を指名した。選手に向かって行く姿勢にブレがないのは評価できるが、「もっと下の順位でも獲得できたのでは」という思いが消えない。二位頓宮裕真《とんぐうゆうま》（捕手・亜細亜大）は四年春のシーズン、捕手と一塁を掛け持ちしているように、キャッチャーとしてのディフェンス面に信用を置けない。

楽天は「高校生路線」の旗印を下ろしてしまったのだろうか。藤原の外れ一位・辰己は走攻守の三拍子が高く揃っている文句のない選手だが、二位以下の狙いが見えてこない。ドラフト後に、下妻貴寛《しもつまたかひろ》捕手、伊志嶺忠捕手、吉持亮汰内野手、聖澤諒外野手、枡田慎太郎外野手に戦力外通告が行われたが（それ以前に細川亨捕手も退団している）、それら辞める選手のポジションを補塡する目的でドラフトが行われたのは確かである。

「ドラフトは戦力の補塡だけでない」というのが私の考えである。五年先のチーム強化をめざし、今は足りているポジションにも戦力を補充する、それがドラフトだと思っている。過去三回のドラフトを見て、楽天のスカウティングは思想的に後退したと思う。

阪神はオリックスと同様、一人ひとりの順位が高いのが不満だ。今回だけでなく常にそう思わされる。マスコミの評価が低い選手を、「私たちは選手の価値を見抜いてこの順位で指名した。それに対してごちゃごちゃ文句を言いなさんな」、そういう言い分を常に感じてしまう。

阪神と真逆なのが日本ハムだ。甲子園で活躍した選手を高く指名し、大学生と社会人もマスコミの知らない選手は少ない。「俺しか知らない選手」的なスカウトのスタンドプレーがない球団、それが日本ハムである。それに対して阪神のスカウティングは狙いがよく見えない。どちらのスカウティングが有効か、過去に指名した選手の成績を見れば明らかだろう。

ＤｅＮＡは過去十年間、徹底的な即戦力志向で臨んできたことがわかる。

〇八年　五人すべてが大学生と社会人
一〇年　八人すべてが大学生、社会人、独立リーグの選手
一二年　六人すべてが大学生と社会人
一三年　六人のうち五人が大学生と社会人
一四年　七人のうち一～五位が大学生と社会人
一五年　七人のうち一～四位（＋七位）が大学生と社会人
一六年　一～二位、六～九位の六人が大学生と社会人
一七年　一、二位を含め、九人のうち七人が大学生、社会人、独立リーグの選手

一八年　一～三位と六位が大学生と社会人と独立リーグの選手

高校生が主体だったのは筒香嘉智を一位指名した〇九年（五人のうち三人が高校生）と九人のうち八人が高校生だった一一年の二回だけ。即戦力タイプを獲っているのだから二〇一〇年以降は成績が安定していいはずだが、過去九年はBクラスが七回でAクラスはわずかに二回だけだ。先発左腕を四人揃えた特異性でマスコミの脚光を浴びたが、トリッキーな戦略、戦術が長持ちしないのは歴史的真実である。

一七、一八年の高校生野手四人の一位指名によって、野球の「点取りゲーム」という源流に多くの人が注目した。プロ野球界を支配していた「野球は投手から」というディフェンス優位の考え方は「投打半々のバランス型」に徐々に改められてきたように思う。根尾昂、藤原恭大、小園海斗たちがプロ野球の世界でどのような足跡を残すのか、それによってプロ野球界の進む方向も変わってくるだろう。

ここまでプロ野球、アマチュア野球が取り組んでいるハード面、ソフト面の改革をできるだけわかりやすく、具体的に書いてきた。野球とともに生きてきた私の三十年を交えることによってファンやマスコミの視点がクリアになった部分があると思うし、選手、球団の未来予想図もドラフトを読み解くことによってかなりクリアになるはずだ。

吉田、根尾、藤原……高校生たちの未来予想図

近年、ドラフトはスポーツ誌・紙、あるいはインターネット上のサイトで人気コンテンツになっている。三年くらい前まで野球にまったく興味を示さなかった娘が「今度アマチュア野球を見たい」と言ったときはドラフトがこれほど広く世の中に浸透しているのかとの思いを新たにした。

アマチュア野球を見に行くなら一九年の甲子園大会だろうか。過去二年続いた超高校級野手の次に押し寄せるのは、一五〇キロを超える佐々木朗希（大船渡高）、奥川恭伸《やすのぶ》（星稜高）、西純矢（創志学園高）など本格派投手の波だ。甲子園大会入場券の購入法が一八年夏から難しくなったが、子どもと一緒にアマチュア野球を見るのは私の長い間の夢でもある。

最後に「これまで最も意表を突かれた指名」を五例挙げて、本書を締めたいと思う。

◇浅尾拓也（投手・日本福祉大→中日／〇六年大・社ドラフト三巡）

四年春の愛知大学リーグで見たときは無名もストレートが一四六キロを計測。秋のリーグ戦、愛知産業大戦で一四九キロを計測してノーヒットノーランを達成。急成長に圧倒される。

◇荻野貴司（外野手・トヨタ自動車→ロッテ／〇九年一位）

〇八年秋の日本選手権、ＮＴＴ西日本戦で三塁打を放ったときの三塁到達タイムが私の計測史上最速の一一・〇二秒。その後、中学生の五十幡亮汰、高校生のオコエ瑠偉などに破られるが、三塁打の爽快感を再認識させられたスピードランナー。

◇西川遥輝（外野手・智弁和歌山高→日本ハム／一〇年二位）

中学二年生だったジャイアンツカップのエキシビションゲームで、バントしたときの一塁到達タイムが四・一一秒。中学生に走塁の革命が起こっていることを意識させられた俊足。

◇大谷翔平（投手&野手・花巻東高→日本ハム／一二年一位）

私が生きている間には後継者が出現しないと断言できる不世出の二刀流。一二年センバツ大会の初戦で大阪桐蔭高と対戦、藤浪晋太郎（阪神）のスライダーを右中間スタンドに放り込む。

◇森　唯斗（投手・三菱自動車倉敷オーシャンズ→ソフトバンク／一三年二位）

ドラフト当日の全スポーツ紙に〝ドラフト候補〟として表組一覧に掲載されていなかったが、伯和ビクトリーズに補強されて臨んだ都市対抗では観客を圧倒するピッチングを見せていた。

あとがき

炎天下で行われた夏の甲子園大会から帰京して約二か月、ＰＣと向かい合ってドラフトと格闘、絶対的な成功法則はいまだに探り出すことができないが、暗黒時代と黄金時代が二、三年くらいの間隔を前にせめぎ合っている様子を見つけることができた。一瞬の気の緩みが坂道を転がり落ちるきっかけになる、そういう人生の教訓にもなる発見だと思う。書き下ろしである本書のプロデューサー的立場で最後まで道をつけてくれた文藝春秋の山田憲和さんには感謝の念しかない。今度、ゆっくり広島カープの話をしましょう。

二〇一八年　十一月吉日

小関　順二

※小関順二ホームページ（http://kosekijunjihomepage.com）には、本書にも紹介されているさまざまなデータやコラムが収録されています。こちらもご参照ください。

小関順二（こせき・じゅんじ）
スポーツライター。1952年、神奈川県生まれ。
日本大学芸術学部文芸学科卒業。
プロ野球の新人補強戦略の重要性に初めて着目し、
「ドラフト」というカテゴリーを確立した。
『プロ野球問題だらけの12球団』シリーズが
2000年度から続いている。著書多数。

ドラフト未来予想図《みらいよそうず》

イチロー、松坂《まつざか》、大谷《おおたに》……プロ野球《やきゅう》12球団《きゅうだん》の成功《せいこう》と失敗《しっぱい》

2018年12月10日　第1刷発行

著　者　小関順二《こせきじゅんじ》

発行者　大川繁樹

発行所　株式会社 文藝春秋
〒102-8008 東京都千代田区紀尾井町3-23
電話　03-3265-1211（代）

印刷所　図書印刷

製本所　加藤製本

組　版　言語社

万一、落丁・乱丁の場合は送料当方負担でお取替えいたします。
小社製作部宛、お送りください。定価はカバーに表示してあります。

Printed in Japan ISBN978-4-16-390944-8